Découvrez l'histoire par les archives de presse

RETRONEWS

Le site de presse de la BnF

www.retronews.fr

ACTES

DE

L'ACADÉMIE

NATIONALE

DES SCIENCES, BELLES-LETTRES ET ARTS

DE BORDEAUX

L'Académie de Bordeaux a été établie sous le règne de Louis XIV par lettres-patentes
du 5 septembre 1712,
enregistrées au Parlement de Bordeaux le 3 mai 1713.

3e SÉRIE. — 68e ANNÉE. — 1906

PARIS

A PICARD ET FILS, ÉDITEURS

82, RUE BONAPARTE, 82

1906

RECUEIL

DES

ACTES DE L'ACADÉMIE NATIONALE

DES SCIENCES

BELLES-LETTRES ET ARTS DE BORDEAUX

AVIS

L'Académie n'accepte aucune solidarité relative aux opinions émises dans le Recueil de ses *Actes*.

———

L'Académie a décidé que l'insertion au compte rendu de ses séances devra être considérée comme un *accusé de réception* des envois faits à la Compagnie.

Bordeaux. — Impr. G. Gounouilhou, rue Guiraude 9 & 11.

ACTES

DE

L'ACADÉMIE

NATIONALE

DES SCIENCES, BELLES-LETTRES ET ARTS

DE BORDEAUX

L'Académie de Bordeaux a été établie sous le règne de Louis XIV par lettres-patentes
du 5 septembre 1712,
enregistrées au Parlement de Bordeaux le 3 mai 1713.

3ᵉ SÉRIE. — 68ᵉ ANNÉE. — 1906.

PARIS

A. PICARD ET FILS, ÉDITEURS

82, RUE BONAPARTE, 82

1906

LA

PESTE BOVINE

ET L'ACADÉMIE

Par M. BAILLET

———

Messieurs,

La médecine vétérinaire a surtout pour mission, vous ne l'ignorez pas, la conservation générale des animaux domestiques. Or, ceux-ci sont atteints de maladies susceptibles de les attaquer isolément, lesquelles se manifestent généralement par des symptômes assez bien définis, et ce serait une erreur de croire que par cela seul que l'animal ne jouit pas du langage parlé, il soit impossible à son médecin de deviner, de préciser le siège de sa souffrance, et par cela même de la combattre par les moyens que lui fournissent la thérapeutique et la chirurgie. Le besoin du sommeil, l'irritation d'une région quelconque, la surcharge de l'appareil digestif, la souffrance d'un organe malade, sont autant de voix qui crient chacune à sa manière, et qui, donnant à l'animal conscience de ce qui se passe en lui-même, s'accusent à l'extérieur par des manifestations que le praticien apprend facilement à apprécier, d'autant mieux qu'à ce point de vue, comme l'a dit le moraliste Charron, « il y a grand voisinage et cousinage entre l'homme et les animaux ».

Dans d'autres cas, ce sont des maladies ayant la funeste propriété de se transmettre de l'animal malade à l'animal sain de la même espèce ou d'espèces différentes, de se propager, de se multiplier à l'infini, de devenir, en un mot, *épizootiques*.

De tout temps, on s'est beaucoup préoccupé de ces dernières, car elles peuvent devenir redoutables, ravager les bestiaux de toute une contrée, et occasionner par cela même des pertes énormes à l'agriculture, au commerce, à l'industrie manufacturière, à la fortune publique. On sait, par exemple, que si l'épizootie de *typhus des bêtes à cornes* de 1775 a fait sortir plus de quatre millions des caisses de l'Etat, celle beaucoup plus rapprochée de nous, de 1870-1871, a occasionné à l'agriculture française des pertes s'élevant à plus de vingt-cinq millions de francs. Grâce aux progrès de la science, un certain nombre de ces maladies, appelées aussi *contagieuses*, ont été enrayées dans leurs manifestations; mais il reste encore beaucoup à faire pour lutter avec avantage contre plusieurs d'entre elles. Ne perdons pas cependant l'espoir de les voir disparaître toutes un jour, ou tout au moins d'en voir atténuer les effets, car, ainsi que l'a dit Lacordaire, « la science est l'œil qui regarde, qui scrute, qui compose, qui réfléchit, qui attend, qui saisit la lumière, qui ajoute aux siècles passés le poids des siècles nouveaux, et, sentinelle patiente du temps, arrache pièce à pièce à l'univers ses éternels secrets ».

L'importance et la gravité des maladies contagieuses ont de tout temps, ai-je dit, attiré l'attention du monde savant, et l'Italie, la Hollande, l'Angleterre, la France, ont été particulièrement le siège de savantes discussions, de nombreuses et pénibles recherches, desquelles a surgi cette branche des applications de la médecine que l'on appelle la *police sanitaire*, c'est-à-dire cette partie des études vétérinaires qui s'occupe des moyens de prévenir et combattre l'extension des maladies épizootiques ou contagieuses, encore appelées de nos jours maladies *virulentes*.

L'Académie des Sciences, Belles-Lettres et Arts de Bordeaux, qui s'est toujours occupée des sujets les plus utiles, et parfois de questions relatives à l'élevage, à l'amélioration et à la conservation des espèces animales domestiques, ne pouvait rester étrangère aux travaux concernant les maladies contagieuses de ces animaux, maladies qui ont sévi à différentes époques dans le département de la Gironde, et au nombre desquelles se place le *typhus contagieux des bêtes à cornes* ou *peste bovine*.

Il m'a donc paru intéressant, Messieurs, de rechercher dans les mémoires de l'Académie la part qu'elle a prise ou, mieux, l'intérêt qu'elle a porté à l'étude de cette question, notamment au xviii° siècle. Dans cette pensée, j'ai trouvé dans le volume de l'année 1789 de ses *Actes* un travail très intéressant, lu devant l'Académie, en 1775, par J.-B. Secondat, fils de Montesquieu, et ayant pour titre : *Mémoire sur les maladies pestilentielles des bœufs*, et portant pour exergue ces trois mots latins : « *Omnis homo miles.* »

En rapprochant l'état de cette question à l'époque sus-indiquée de l'état des connaissances actuelles sur le même sujet, nous verrons, Messieurs, qu'en somme les idées émises par les auteurs du temps ont servi de base à notre police sanitaire actuelle, grâce à laquelle le professeur H. Bouley a pu, en 1870, arrêter en France les progrès du *typhus contagieux des bêtes à cornes*, alors que l'Angleterre, en 1865, avait appris à ses dépens ce que pouvaient coûter les incertitudes du diagnostic.

Le typhus contagieux des bêtes à cornes a été particulièrement étudié pour la première fois en 1711, en Italie, par le professeur Lancizi, qui le considérait comme une véritable *peste*, alors que Ramazzini, autre savant italien, et Dufau, médecin français, l'appelaient *fièvre maligne pestilentielle*. Partie de la Hongrie, cette maladie s'avança successivement dans l'Italie, l'Allemagne, passa en Angleterre, en France, d'où elle disparut après sept années d'existence en Europe, où elle avait fait périr plus de six cent mille bêtes à cornes. Après vingt-neuf années, c'est-à-dire vers 1740, le typhus réapparut en Bohême, d'où il gagna la Hongrie, la Bavière, la Styrie, descendit une seconde fois dans les plaines de l'Italie, franchit les Alpes et gagna les provinces méridionales de la France, pendant que, dans le Nord, il atteignait l'Allemagne, la Hollande, la Franche-Comté, la Lorraine, la Flandre, la Picardie, et parvenait jusqu'au centre de la France. Ce fut ensuite pendant les années 1770-1771 que le typhus fit particulièrement des ravages considérables en Hollande, d'où il ne tarda pas à gagner les Flandres, la Picardie, l'Artois.

En 1774, la maladie éclata tout d'un coup au bord de l'Océan, à Bayonne et les environs, d'où elle se répandit dans le Bordelais, à la suite, dit Secondat, de débarquements de cuirs venant de la Russie. Pour démontrer le caractère contagieux de la peste et prouver l'intérêt que cette question pouvait avoir pour l'Académie, Secondat rapporte que l'infection par les cuirs débarqués à Bayonne fit périr en peu de temps plus de six mille bœufs dans le pays de Labourd (dépendant de l'ancienne Gascogne) et dans celui des Landes; gagna le Béarn, la Chalosse, l'Armagnac, le Condomois, l'Agenais, le Périgord, l'Entre-deux-Mers et les environs de Bordeaux.

La contagion par des cuirs venant de Russie s'explique par ce fait que le typhus ou peste bovine sévissait autrefois en permanence dans les provinces avoisinant la mer Caspienne, et que c'est de ce foyer que sont parties les épizooties qui, à toutes les époques, ont ravagé l'Europe occidentale. Il est notoire également que les grands mouvements de troupes, les guerres, en un mot, ont toujours été suivies de l'apparition du typhus; c'est ainsi que pendant la période des guerres de la République et de l'Empire (1798-1815), toutes les provinces françaises ont été successivement envahies par la peste bovine qui y a occasionné des pertes considérables.

Plus près de nous, en 1870-1871, la peste pénétra en France avec les armées allemandes et occasionna la mort de plus de cent mille têtes de bétail évaluées, ainsi que je l'ai dit déjà, à *vingt-cinq millions de francs*.

Il ressort des données qui précèdent que, bien que la *maladie pestilentielle* de Secondat n'ait fait en France que des apparitions éloignées, relativement aux autres maladies contagieuses du bétail, elle n'en est cependant pas moins terrible et méritait aussi bien que toute autre d'attirer l'attention du monde savant et du monde agricole, et l'on s'explique ainsi pourquoi, aux différentes époques de son apparition, elle a fait l'objet de recherches et de travaux remarquables. Cela explique aussi pourquoi il n'est pas inopportun de s'en occuper encore aujourd'hui, en prévision de nouvelles invasions ou tout au moins de grands mouvements de troupes · auxquels l'Europe en général, et la France en particulier, sont toujours exposées. Toutefois, il faut reconnaître qu'à l'heure actuelle, la peste bovine, chassée de la Russie méridionale grâce au Service sanitaire de cette contrée, a presque totalement disparu de l'Europe.

Malheureusement, disent MM. les professeurs Nocard et Leclainche, l'action sanitaire est presque fatalement illusoire en Afrique, où les animaux sauvages sont des agents de transmission difficiles à combattre, et du jour où l'Afrique occidentale serait atteinte, nous aurions à craindre pour notre domaine colonial.

Quant à la France proprement dite, elle se trouve aujourd'hui admirablement protégée par la Russie d'Europe, l'Allemagne, l'Autriche, la Hongrie qui, bien défendues contre l'invasion, constituent une première barrière difficile à franchir *en temps de paix*. Il ne reste donc à craindre que l'invasion par mer, mais nous verrons que les mesures préventives prescrites par la loi française permettent d'agir en pareil cas avec rapidité et énergie.

Quelle était donc la nature de cette *maladie pestilentielle ?*

Secondat émet sur ce point l'opinion que le poison pestilentiel, ce que nous appelons aujourd'hui l'élément contagieux, *le virus* de la maladie, est un *ferment;* c'est, dit-il, « un assemblage de particules de matières infiniment petites qui, introduites dans une masse sensible d'autre matière, excitent dans les particules infiniment petites dont celle-ci est composée un mouvement et une chaleur qui aboutissent à changer toute cette masse sensible en une substance très différente de ce qu'elle était. »

Bien que très vague, cette définition du ferment animal était, vous le voyez, Messieurs, un avant-coureur de l'explication fournie plus tard par Liebig lorsqu'il établissait que la fermentation était le résultat d'une métamorphose éprouvée par les matières azotées, fibrine, caséine, au contact de l'air, métamorphose se traduisant par la production de produits nouveaux liquides ou gazeux.

Cette théorie de Liebig est aujourd'hui abandonnée depuis les travaux de Pasteur affirmant la présence dans l'air, dans les eaux, dans la terre et à sa surface, comme à la surface de tous les objets qui la couvrent, d'une multitude infinie de germes ou *microbes* prêts à entrer en action lorsqu'ils rencontrent les conditions favorables aux manifestations de leur vie.

En démontrant la nature vivante des ferments, la science a expliqué celle de la contagion, c'est-à-dire l'origine, la propagation, la manifestation des symptômes et la présence des lésions qui caractérisent chaque maladie contagieuse; et si jusqu'ici le microbe de la peste bovine, en raison de sa ténuité, n'a pu être décelé par l'examen direct, sa présence n'en est pas moins démontrée par la production des toxines ou poisons très actifs auxquels sont dus les phénomènes généraux d'intoxication et la mort des sujets atteints.

Voilà, Messieurs, l'explication que ne pouvait donner Secondat, mais qu'il traduisait par ces mots : « *exhalaison pestilentielle* associée aux esprits animaux et à la lymphe, altérant la consistance naturelle du sang, viciant les fonctions naturelles des viscères et arrêtant les excrétions naturelles. » Aussi est-ce sous le coup de cette préoccupation du *poison pestilentiel et corrosif* envahissant l'économie qu'il a décrit les symptômes de la peste bovine et indiqué les moyens les plus propres à en faciliter la disparition, j'allais dire l'expulsion, par l'emploi des exutoires.

D'accord avec les médecins italiens, l'auteur insiste à chaque page de son mémoire sur les bons effets des révulsifs, sétons, cautères, pour chasser au dehors le *poison pestilentiel.*

Insistant parmi les symptômes sur le larmoiement, l'écoulement d'humeur par les naseaux, l'abondante salivation, la sensibilité des reins, des genoux, la paralysie des extrémités, etc., il n'hésite pas à signaler les heureux effets de l'emploi de moyens quelque peu barbares, tels que l'application de cautères près du gosier, aux oreilles, à l'angle des yeux, du feu aux jambes et sur les reins, en un mot des révulsifs les plus énergiques, et cela le plus près de la partie où le *poison pestilentiel* s'est, dit-il, transporté en plus grande abondance. S'agit-il de prévenir la mort des animaux ne pouvant avaler les aliments qu'il conseille, toujours avec les auteurs italiens, d'introduire dans le gosier des bêtes malades une branche de saule verte enduite de beurre, cela facilitant, dit-il, à ces pauvres bêtes, le passage de quelques aliments, car il est vraisemblable qu'un peu d'aliment est le meilleur moyen pour envelopper le fameux *poison pestilentiel et corrosif.*

Il est certain, Messieurs, que l'énoncé des symptômes de la maladie que nous appelons aujourd'hui *Typhus contagieux des bêtes bovines* ou *Peste bovine,* se retrouve encore parmi les descriptions des auteurs les plus modernes, sous des appellations plus scientifiques, il est vrai, mais faisant entrevoir l'empoisonnement de l'organisme invoqué par Secondat et ses prédécesseurs et que nous appelons l'*infection* par un élément virulent.

Cette infection, nous n'essayons plus de la combattre par des moyens aussi barbares, mais par des révulsifs d'un autre ordre, tels que frictions d'essence de térébenthine, de vinaigre chaud, associées aux excitants diffusibles : alcool, acétate d'ammoniaque, par l'emploi des antiseptiques, l'acide salicylique, la naphtaline, l'acide phénique, etc.

Mais il faut reconnaître qu'aujourd'hui comme autrefois, les résultats fournis par ces médications sont moins que certains, et que, comme moyen à la fois prophylactique et thérapeutique proprement dit, le seul qui ait donné quelques résultats sérieux consiste à immuniser les animaux par l'inoculation de virus affaibli, de la bile des sujets morts de la maladie, seule ou associée à un liquide virulent, du sérum d'animaux immunisés, seul ou associé au virus. C'est ainsi que, d'après les professeurs Nocard et Leclainche, les propriétés curatives du sérum immunisant sont bien établies, surtout lorsque la maladie est récente.

Il n'est pas douteux que la sérothérapie constitue la meilleure méthode pour combattre le typhus ou peste bovine, et qu'elle est appelée à jouer un rôle décisif dans la lutte entreprise contre la peste dans l'Asie russe et dans l'Inde anglaise. Mais il faut reconnaître que, de tous les moyens préconisés pour prévenir et éviter les ravages de la maladie qui nous occupe, il n'en est pas de plus radicaux, de plus certains dans leurs effets que ceux fournis par la *Police sanitaire*.

Déjà, du temps de Secondat, il était avéré que la

maladie pestilentielle des bœufs était contagieuse, c'est-
à-dire susceptible de se transmettre de l'animal malade à l'animal sain, et que, conséquemment, il y avait
lieu de prescrire l'abatage des animaux malades et
de tous ceux qui ont pu être contaminés. Nos idées
actuelles sur ce point, absolument semblables, étaient
donc déjà mises en pratique par nos ancêtres, car dans
un mémoire de Ramazzini publié à Padoue en 1771, on
lit ceci : « La transpiration d'un troupeau de bœufs
infectés, les exhalaisons de leurs excréments, et tous
ces corpuscules subtils exhalés de leurs cuirs ne peuvent-ils pas être portés par les vents jusqu'en des lieux
fort éloignés ? Ne peuvent-ils pas rencontrer des trou-
peaux de bœufs sains et leur apporter la contagion ? »
Appuyant sur ces données, Secondat ajoutait : « Placez
sur la frontière des gardes qui empêchent d'entrer dans
un pays non seulement les bœufs étrangers, mais les
hommes qui viennent du pays où la contagion est répandue, mais les quadrupèdes de tous genres dont les
poils, les toisons peuvent avoir admis le poison pestilentiel, même les oies et les autres volatiles; séparez
les bêtes saines des malades; ces dernières ne pouvant
guérir, le plus court est de leur donner la mort en
prenant la précaution de les enterrer loin des étables. »

Or, Messieurs, c'est sur des données semblables que
repose actuellement la police sanitaire en matière de
peste ou *typhus contagieux des bêtes bovines*. C'est
ainsi que parmi les nombreuses mesures prescrites par
la loi sur le Code rural et par divers décrets spéciaux,
il en est qui ordonnent l'abatage immédiat et sur place
des animaux des espèces bovine, ovine et caprine atteints de cette maladie ou simplement contaminés,
comme aussi de ceux frappés de prohibition, particu-

lièrement ceux provenant des steppes de la Russie méridionale, présentés à l'importation par terre ou par mer, leurs cadavres devant être enfouis et la peau tailladée. L'importation des petits ruminants, également sujets à contracter la peste, et celle des peaux fraîches et autres débris animaux est aussi soumise à une réglementation spéciale très rigoureuse.

Ce court résumé des mesures de police sanitaire que l'on retrouve, du reste, dans tous les pays d'Europe, suffit pour vous démontrer, Messieurs, la gravité que l'on reconnaît aujourd'hui, comme au temps de Secondat, à la maladie contagieuse dont je vous ai entretenus, ainsi qu'aux mesures propres à en enrayer les ravages.

Partant de là, Messieurs, il m'a paru intéressant de rappeler quelques-unes des idées émises en 1775 devant l'Académie de Bordeaux par un descendant du grand publiciste dont notre Compagnie est toujours fière d'invoquer le nom et les écrits; il m'a semblé, enfin, que c'était rendre une justice posthume à la mémoire de Secondat que d'associer à son nom ceux des illustres médecins du xviii⁰ siècle qui se sont particulièrement occupés de la peste bovine, de Lancizi surtout, dont l'ouvrage, dit Secondat, écrit par un médecin d'une science consommée, en un style simple, est digne de jouir de l'immortalité et *d'être conservé dans le cèdre*.

J'ai trouvé, Messieurs, dans les publications de l'Académie, quelques autres mémoires très intéressants ayant trait à l'élevage, à l'amélioration des races animales existant dans le département de la Gironde, ou à l'étude de quelques maladies contagieuses, comme la *clavelée* du mouton, par exemple, cette maladie dont le nom ne vous est pas tout à fait étranger. Vous vous rappelez, en effet, Voltaire racontant le voyage de Candide à la recherche de Cunégonde, et laissant à l'Académie des sciences de Bordeaux un mouton à laine rouge qui fournit le sujet d'un prix sur la question de savoir pourquoi la laine de ce mouton était rouge; or, il advint, dit Voltaire, que l'Académie couronna un savant du Nord qui démontra par A plus B, moins C, divisé par Z, que ce mouton devait être rouge et mourir de la *clavelée*.

Cette boutade de Voltaire contre l'Académie de Bordeaux n'a pas empêché celle-ci de suivre les principes que lui avait légués Montesquieu, et d'étudier les besoins généraux du pays, tout en cherchant à le guider dans la voie du perfectionnement et du progrès.

C'est animé de cette pensée que j'espère, Messieurs, pouvoir vous présenter l'analyse de quelques-uns des travaux soumis à diverses époques à l'Académie de Bordeaux, travaux intéressant la production et l'amélioration du bétail dans la Gironde, tout en les comparant à la situation de la production actuelle et aux perfectionnements obtenus grâce à la double intervention de la science et de la pratique agricoles.

Donc, Messieurs, à bientôt d'autres mémoires.

NICOLAS BEAUJON

ET LA

CHAPELLE SAINT-NICOLAS-DU-ROULE

(SANCTO-NICOLAO')

Par M. GUSTAVE LABAT

A quoi tient la gloire!

Dans mon étude sur les portraits peints et les Gobelins légués par Nicolas Beaujon à la Direction du commerce de Guienne, qui décorent les salons de la Chambre de commerce de Bordeaux, je disais que notre généreux compatriote était mort à Paris le 20 décembre 1786 et que son corps, inhumé provisoirement dans l'église de la Madeleine-de-la-ville-l'Évêque, sa paroisse, avait été déposé le 3 mars 1787 dans la chapelle de Saint-Nicolas-du-Roule, qu'il avait fait bâtir par l'architecte Girardin pour lui servir de sépulture (²).

J'ai vainement cherché cette chapelle dans un récent

(¹) Inscription que portait en lettres capitales la chapelle sur son fronton.

(²) Acte de transport du corps de Nicolas Beaujon :

« L'an 1787, le 3 mars, le corps de messire Nicolas Beaujon, conseiller d'État, trésorier honoraire de l'ordre royal et militaire de Saint Louis, receveur des finances de la Généralité de Rouen, et marguillier d'honneur de cette paroisse, a été présenté en cette église par messire Le Ber, curé de la paroisse de La Madeleine de la ville l'Evêque et de là transporté dans la chapelle de Sᵗ Nicolas (à Sᵗ Philippe), fondée par lui sur cette paroisse dans laquelle chapelle il a été inhumé en présence de messire Nicolas Beaujon de Seilhan, de la paroisse Sᵗ Sulpice, et de messire Jean-Nicolas Beaujon, de la paroisse Sᵗ Roch, ses deux frères, qui ont signé :

» Beaujon de Seilhan.　Beaujon. »

voyage à Paris : elle a été détruite il y a trente-cinq à quarante ans, me dit-on ; c'en était assez pour piquer ma curiosité et m'engager à entreprendre des recherches qui m'ont semblé de nature à vous intéresser.

J'appris d'un vieil et obligeant ecclésiastique, chanoine de Notre-Dame, résidant dans la paroisse Saint-Philippe-du-Roule, que, lors de la vente par la ville de Paris des terrains du Roule pour l'ouverture des voies nouvelles, qui ont complètement transformé ce riche quartier, la chapelle Saint-Nicolas, léguée cependant par Beaujon à l'hospice pour lui servir d'annexe (les lettres patentes en font foi), avait été désaffectée et comprise dans les lotissements ; qu'Honoré de Balzac, le célèbre auteur de la *Comédie humaine*, l'avait dans son jardin, un des restes de l'ancienne Folie-Beaujon ; qu'après sa mort, Théodore Gudin, le grand peintre de marine, puis le marquis de Bercy occupèrent successivement le même immeuble, qui fut enfin acheté, en 1865, par Mme la baronne Salomon de Rothschild. Celle-ci fit démolir les anciennes constructions, remplacées aujourd'hui par le bel hôtel qu'elle habite, rue Berryer, 9 et 11, au coin des rues Balzac et du Faubourg-Saint-Honoré ([1]).

Je me présentai naturellement chez Mme de Rothschild et, grâce à son autorisation, je pénétrai dans son magnifique jardin, où je constatai promptement les vestiges de la chapelle funéraire de Beaujon, notamment quatre élégantes colonnes cannelées aux chapiteaux ioniques, reliées ensemble par une corniche semi-circulaire, qui devaient former le fond de la rotonde, éclairée par le

---

([1]) La chapelle Saint-Nicolas était bâtie sur les terrains dépendant de la Folie-Beaujon, presque en face de l'hospice ; on pouvait encore la voir, dit l'auteur de la **Monographie du VIIIe arrondissement**, après la guerre de 1870 à l'entrée de la rue appelée alors des Écuries-d'Artois, époque où elle disparut complètement.

haut, où était placé le tombeau du financier ; puis, une douzaine d'autres colonnes semblables, la plupart tronquées, répandues de-ci de-là dans le jardin, circonscrit par les rues Balzac et Beaujon, et par l'avenue de Friedland, appelée un moment avenue Beaujon (¹).

Dans un pavillon formant l'angle du jardin sur les rues Berryer et Balzac, où Mme de Rothschild a réuni des souvenirs de l'auteur d'*Eugénie Grandet*, on me montre une gravure en couleur que je crois assez rare, représentant les montagnes russes de la Folie-Beaujon, avec ce titre :

> *Promenade aérienne du Jardin Beaujon,*
> *honorée de la présence de S. M.*
> *le 2 août 1817* (²).

Louis XVIII avait voulu revoir la fameuse *Chartreuse* que, comte de Provence, il avait visitée du vivant de Beaujon, qui eut un moment la pensée de la lui offrir.

Le jardin était donc encore sous la Restauration une curiosité parisienne ; mais au milieu du bouleversement si complet du quartier du Roule, que sont devenus les restes du généreux fondateur de l'hospice, qui apprendra son nom aux générations futures ?

(¹) Sur le mur extérieur du jardin de Mme de Rothschild, rue Balzac, à la hauteur de la maison portant le numéro 23, la Municipalité parisienne a fait mettre une plaque en marbre blanc, sur laquelle on lit :

ICI S'ÉLEVAIT L'HOTEL
OU MOURUT
LE 13 AOUT 1850
HONORÉ DE BALZAC
AUTEUR DE LA « COMÉDIE HUMAINE »
NÉ A TOURS
LE 20 MAI 1799

La statue de Balzac, œuvre magistrale du sculpteur Falguière, est placée avenue de Friedland, dans l'axe du jardin de Mme de Rothschild, auquel elle tourne le dos.

(²) Dessiné d'après nature par Garneray, gravé par Lerouge.

J'avais tout d'abord cru que, lors de la destruction de la chapelle Saint-Nicolas, ils avaient été transportés dans la chapelle de l'hôpital : c'était indiqué, il me semble ; toutefois, M. Richer, directeur de cet établissement charitable, m'a affirmé le contraire en me faisant obligeamment observer que la chapelle de l'hôpital est de construction récente.

Son honorable prédécesseur, M. de Montesson, qui a dirigé les divers services de Beaujon pendant dix-neuf ans, de janvier 1868 à septembre 1887, se rappelle parfaitement la chapelle Saint-Nicolas ('), mais n'a aucun souvenir d'y avoir vu un tombeau !

Serait-ce donc alors au moment où, par décret du 17 janvier 1795, de la Convention nationale, l'hospice fondé par Beaujon fut transformé en hôpital pour les malades et son nom changé en celui d'*Hôpital du Roule*, que sa sépulture fut violée, comme tant d'autres existant dans les églises de Paris, pendant cette terrible période de la Révolution française? C'est malheureusement fort probable (¹).

Les terroristes ne pouvaient oublier que Beaujon, en qualité de banquier de la Cour, avait pu participer aux rigueurs des impôts.

(¹) M. de Montesson m'a fait remarquer un souvenir de la destination première de l'hospice, c'est l'inscription : ÉCOLE DES FILLES, gravée sur une plate-bande noire, placée à l'entrée de l'hôpital, à gauche, au-dessus de la porte du concierge.

(²) M. Husson, directeur général de l'Administration de l'Assistance publique, dit, pages 10 et 11 de son *Étude sur les hôpitaux*, que le 17 janvier 1795, la Convention nationale transforma l'hospice en hôpital pour les malades, quand on eut supprimé les maisons hospitalières de la rue Mouffetard, de la rue Royale, de La Roquette et de Saint-Mandé ; on l'appela « hôpital du Roule ».

Le nom de Beaujon ne lui fut rendu que postérieurement, sous l'administration du Conseil général.

M. Husson est du reste très peu renseigné sur Beaujon, qu'il appelle : « fermier général ».

La postérité ne devait pas ratifier ce changement ; un arrêté du Conseil général des hospices rendit à l'établissement créé par Beaujon le nom de son fondateur.

Comme on m'avait dit que peut-être la plaque du tombeau se trouvait au musée Carnavalet, je suis allé rue de Sévigné m'assurer que dans cette inestimable collection de souvenirs du vieux Paris il n'y avait rien de relatif à Beaujon.

De là aux bureaux de l'Assistance publique, à l'Hôtel de Ville de Paris, et à la Bibliothèque historique, hôtel Le Peletier Saint-Fargeau, il n'y a qu'un pas ; l'accueil a été des plus sympathiques, mais je n'ai rien appris de nouveau.

Dans ces deux établissements municipaux on m'a communiqué ce que l'on possédait sur Beaujon.

A l'Assistance, une brochure parlant simplement de l'Hôpital[1], et à Saint-Fargeau, un volume assez détaillé sur la vie privée des financiers du xviiie siècle[2] et une monographie du VIIIe arrondissement de Paris[3].

Leur lecture m'a fait simplement constater une chose : que les auteurs sont bien sévères dans les appréciations, les trois quarts du temps peu justifiées, des actes du grand financier philanthrope dont je m'occupe.

Je me suis rabattu alors sur les Archives nationales, où, à défaut d'autres documents plus concluants, j'ai trouvé et transcrit le contrat de mariage de Nicolas Beaujon, passé en octobre 1753.

Cette pièce m'a paru, par son importance, susceptible d'éclairer l'opinion publique sur notre opulent compa-

[1] *Hôpital Beaujon, Histoire,* par le Dr Charles Fournel, 1884.

[2] *Vie privée des Financiers du XVIII siècle,* par Thirion. Paris, 1895.

[3] *Monographie du VIII arrondissement de Paris,* par Viel-Lamar, ancien secrétaire à l'Assistance publique. Paris, 1878.

triote ; elle date de l'année où, accablé d'ennuis de toutes
sortes, Beaujon se décida à quitter définitivement Bordeaux pour habiter Paris. On y voit la situation financière
de ce brasseur d'affaires, qui, à l'âge de trente-cinq ans
à peine, était déjà un maître que ne dédaignait pas de
s'adjoindre dans les moments difficiles un administrateur éminent comme l'intendant Aubert de Tourny, qui
l'appréciait et ne l'abandonna jamais dans la mauvaise
fortune. Voici les principales clauses de ce contrat d'un
mariage auquel n'est probablement pas étranger le
célèbre intendant(') :

« Par devant les Conseillers du Roy, notaires au
Châtelet de Paris, soussignés,

» Furent présents :

» Nicolas Beaujon, ci-devant directeur du Commerce à
Bordeaux, demeurant à Paris rue Louis-le-Grand, paroisse
Saint-Roch, fils de deffunts Jean Beaujon, négociant de
la dite ville de Bordeaux, et dame Thérèse Delmestre, son
épouse, ses père et mère, pour lui et en son nom, ...
                    d'une part,

» Et dame Marie Belon, veuve de deffunt Messire
Louis Bontemps, chevalier, l'un des premiers valets
de chambre ordinaires du Roy, gouverneur du palais
des Thuilleries, capitaine des chasses de la Varenne des
Thuilleries et chevalier des ordres royaux militaires et
hospitaliers de Notre-Dame du mont Carmel et de Saint-
Lazarre de Jérusalem, demeurant à Paris et au palais des
Thuilleries, paroisse Saint-Germain-l'Auxerrois, stipulant
pour demoiselle Louise-Élisabeth Bontemps, fille mineure
du dit deffunt et d'elle, étant sous la tutelle de ladite

(') *Archives nationales*, t. CCCVI.

dame sa mère, ladite demoiselle demeurant avec elle, à ce, présente et consentante aussi pour elle et en son nom,

d'autre part,

» Lesquelles parties, de l'agrément du Roy, de la Reine, de Monseigneur le Dauphin, de Madame la Dauphine et de Mesdames de France,

» En la présence de madame la marquise de Pompadour, de M. Demachaud (¹), garde des sceaux de France et contrôleur général des finances; de M. Dargenson, ministre et secrétaire d'état ayant le département de la guerre; de M. Paulmy, secrétaire d'état ayant le même département en survivance de M. Dargenson; de M. Rouillé, ministre et secrétaire d'état ayant le département de la marine; de M. de Saint-Florentin, ministre secrétaire d'état et encore en la présence de leurs parents et amis, ci-après nommés, savoir :

» De la part du dit futur, de M. Jean Beaujon de Seilhan, son frère(²).

» De la part de ladite Demoiselle future épouse, de Messire Anonime Bontemps, chevalier, l'un des premiers valets de chambre du Roy, gouverneur du chateau des Thuilleries, son frère; de mademoiselle Bontemps, sa sœur; de Messire Alexandre comte d'Arginy et de dame Marie-Françoise Bontemps, veuve de Messire Louis de Varenne, maréchal des camps et armées du Roy, ses oncles et tante paternels; de dame Élisabeth Belon, veuve d'Henri Chambon, écuyer, de dame Louise Belon, veuve de Cournaire Water, écuyer, ses tantes maternelles; de Messire Charles-André Lecoré, maître des

(¹) Les noms des ministres sont mal orthographiés.
(²) A cette occasion, Beaujon avait donné, en si bonne compagnie, à son frère un supplément de nom qui sentait la noblesse.

requêtes et dame Marguerite Honorée Chambon, son
épouse, cousine germaine; Ange-Laurent La Live, de
Jully, cousin germain, à cause de feue Madame son
épouse(¹); demoiselle Suzanne Brousse, sa cousine; de
Messire Lamouroux de Saint-Jullien, receveur général
des finances de Moulins; de Messire Drouilhet, receveur
général des finances de la Rochelle, et de Messire le
chevalier d'Eaubonne; de Messire Despins de la Carre,
conseiller au Parlement de Bordeaux; de M. Pascaud,
député de la Rochelle au Conseil du Commerce, et de
M. l'abbé Guérin, tous amis communs des parties.

» Avant de passer outre à la célébration du mariage
proposé et convenu du dit Nicolas Beaujon avec ladite
demoiselle Louise-Élisabeth Bontemps, dont la célébration en face de notre sainte Église, catholique, aposto-
lique romaine sera conclu dans le plus bref temps que
faire se pourra, ont fait et arrêté entr'elles les conditions
et le traité civil du dit mariage, ainsi qu'il suit .   .   .

.   .   .   .

» En faveur duquel mariage, la dite dame veuve Bontemps a constitué par ces présentes en dot en avance-
ment d'hoirie et assurance d'autant sur sa future succession à la dite demoiselle future épouse sa fille la somme
de *Cinquante mille livres*, exigible seulement après le
décès de ladite Dame et du jour d'iceluy sur les biens de
ladite succession(²).

» Les biens dudit sieur futur époux sont renseignés et
nommés sur un état qu'il en a représenté, lequel état est

(¹) Elle est inhumée dans l'église Saint-Roch, où l'on voit son médaillon
en marbre et son épitaphe dans la première chapelle, en entrant, à
droite.

(²) La demoiselle Louise-Élisabeth Bontemps, épouse de Nicolas
Beaujon, mourut sans laisser d'enfant, avant sa mère; cette somme
ne fut jamais payée.

demeuré joint à la minute des présentes pour faire foi et y avoir recours.

(Suit la teneur dudit état annexé.)

ÉTAT DE MES EFFETS :

Bien de campagne dans la paroisse de Talence, près Bordeaux, cy.	60,000 liv.
Un hôtel à Bordeaux, rue du Parlement, cy . .	60,000
Meubles restés dans la maison, cy.	10,000
Le tiers d'intérêts sur le navire *le Léopard*, qui est actuellement à la côte Saint-Domingue, cy.	60,000
Le tiers d'intérêts sur la cargaison du navire *le Dauphin*, de Dieppe, qui est à Québec, au Canada, cy.	24,000
Les 5/12es d'intérêts dans les retours du navire *l'Espoir*, qui a fait le voyage à la côte de Guinée, cy.	38,000
Il m'est dû par la Marine $\frac{42}{m}$, sur laquelle somme j'ai un intérêt qui ne — p., cy.	21,000
Il m'est dû par la province de Guienne, liquidée par arrêt du Conseil, cy.	17,400
Argent, en effets, en papier ou par compte, cy .	169,600
J'ai 3,000 livres de rente viagère en l'hôtel de la Bourse des marchands de Bordeaux, dont j'ai fait le fond, cy	30,000
	490,000 liv.

Quatre cent quatre-vingt-dix mille livres.

» Fait et passé à l'égard de leurs majestés :

» Le Roy et la Reine, Monseigneur le Dauphin, Madame la Dauphine et Mesdames de France,

» Madame la marquise de Pompadour et les Ministres, au château de Fontainebleau ;

» Et à l'égard des parties contractantes et des dits

parents et amis, au château des Thuilleries à Paris, en l'appartement de ladite Dame Bontemps.

» L'an 1753 et les 21 et 22 octobre avant et après midi.

» *Signé :* Picquais. »

La lecture de ce contrat permet de faire bien des réflexions; on se demande à quel degré d'abaissement moral nous étions tombés en France pour qu'on en fût arrivé à ne pas être douloureusement choqué de ce rapprochement du nom de la favorite du roi, à la même résidence, Fontainebleau, de ceux de la noble reine Marie Leczinska, de Monseigneur le Dauphin, de Madame la Dauphine et des princesses de la famille royale? — Beaujon ne fit pas un mariage d'argent, on le voit facilement; il ne tenait pas à la dot (qui ne lui fut du reste jamais comptée), il voulait mieux : issu de parents obscurs, il se procurait par cette union ce qui lui manquait complètement, c'est-à-dire des relations ; or, on peut en conclure que la famille de sa femme, très bien en cour, lui facilita les moyens de développer ses grandes aptitudes financières et d'acquérir rapidement sa magnifique fortune.

Beaujon ne fut pas non plus un Mécène ordinaire; il dut, sans nul doute, son goût éclairé pour les arts à ses fréquents rapports avec la marquise de Pompadour, qui l'avait présenté à Louis XV[1].

On est vraiment sans indulgence dans les jugements

---

[1] Beaujon était déjà receveur général des finances quand il fut nommé, en 1767, l'un des quinze directeurs de la Caisse d'Escompte, créée à Paris par arrêt du Conseil d'État du 1er janvier de la dite année; deux ans plus tard, le 20 novembre 1769, il recevait le brevet de Conseiller d'État. (Répertoire de la Gazette de France, 1631-1790.)

portés sur ce grand financier; les écrivains qui ont parlé
de lui copient invariablement, presque tous, les vieux
clichés de Bachaumont et de ses mémoires secrets, sans
tenir compte des sentiments d'envie et de jalousie qu'il
soulevait chez ses contemporains.

Celui qui à trente ans méritait de figurer comme
Directeur du commerce de Guienne à l'inauguration des
bâtiments de la Bourse de Bordeaux, en 1749, ne pouvait
être *un ignare*(¹) comme l'écrit M. Thirion ; — je veux
bien qu'il n'ait pas été un lettré; mais l'homme qui
tenait tête à Necker, qui, protecteur des artistes et lié
avec Honoré Fragonard, Boucher, Cochin et Quentin de
La Tour, faisait peindre les plafonds de l'hôtel d'Évreux
par Le Barbier et en remplissait les salons de richesses
artistiques de toutes sortes, ne pouvait être le premier
venu !

Pourquoi reprocher à Beaujon son luxe effréné et
ses folies? *Il était de son temps* et fit dans ses excès
ce que faisaient les Brunoy, les Dupin, les Bouvet, les
Paris, les Boutin, les de Laborde et les autres fermiers
généraux et banquiers de la Cour du xviiie siècle(²), sans
parler des grands seigneurs, dont l'un d'eux, le prince de
Conti, un Bourbon, fut le plus admirable prodigue de
son époque...

Il vaut mieux songer aux nombreuses libéralités de
Beaujon et au noble et charitable usage qu'il a fait de
ses richesses.

« C'était un homme de bien, dit M. Henry Viel-Lamar
dans sa monographie du VIIIe arrondissement, un homme
charitable, qui, tout en usant largement pour lui-même

(¹) *Vie privée des Financiers du XVIIIe siècle*, par Thirion. Paris,
1895.
(²) *Ibid.*

de son opulence, savait en faire une bonne part pour les malheureux. »

. . . .

Beaujon n'avait pas de physionomie, il était court et gros, sans aucune distinction; il fit faire son buste par Houdon (¹) et plusieurs fois son portrait; le buste, un chef-d'œuvre, est à l'hôpital Beaujon, dans le cabinet du Directeur, et l'on voit dans les salons de la Bourse de Bordeaux le portrait que peignit Carle Van Loo en 1762; mais il en est un autre beaucoup moins connu, fait en 1784 par Mme Vigée-Lebrun, qui ne le cède en rien comme valeur artistique et ressemblance au premier. Mme Vigée-Lebrun, dans ses *Souvenirs,* s'exprime ainsi sur ce portrait (²) :

« M. de Beaujon m'ayant demandé de faire son portrait, qu'il destinait à l'hôpital fondé par lui dans le faubourg du Roule, je me suis rendue dans le magnifique hôtel qu'on appelle l'Élysée-Bourbon (³), attendu que l'infortuné millionnaire était hors d'état de venir chez moi; je le trouvai seul, assis sur un grand fauteuil à roulettes, dans une salle à manger; il avait les mains et les jambes tellement enflées qu'il ne pouvait se servir ni des unes ni des autres; il désirait être peint assis devant son bureau, jusqu'à mi-jambes avec les deux mains; je ne

(¹) Ce buste est haut d'un peu moins d'un mètre; il est d'une remarquable exécution. Beaujon est, jusqu'à la ceinture, drapé dans un manteau; son pourpoint entr'ouvert laisse voir sur son jabot artistement brodé le grand cordon de l'Ordre de Saint-Louis; la tête est couverte d'une perruque à quatre rangées de boucles; la figure entièrement rasée, tournée de trois quarts à droite, est large et terminée par un double menton. Houdon a su mettre un rayon de vie sur cette face commune; un sourire rusé semble animer les yeux et la bouche. C'est véritablement une œuvre de maître.

(²) *Souvenirs de Mme Vigée-Lebrun,* t. II. — Portraits à la plume.

(³) L'ancien hôtel d'Évreux, rue du Faubourg-Saint-Honoré, occupé antérieurement par la marquise de Pompadour, aujourd'hui l'Elysée.

tardai pas à commencer et à finir mon ouvrage. Quand je pus me passer du modèle, j'emportai le portrait chez moi pour terminer quelques détails. J'imaginai de placer sur le bureau le plan de l'hospice. M. de Beaujon en ayant été instruit, m'envoya aussitôt son valet de chambre pour me prier instamment d'effacer ce plan et pour me remettre trente louis en dédommagement du temps que j'y avais employé; ayant à peine terminé l'esquisse, je refusai naturellement les trente louis. Le valet de chambre revint encore le lendemain et insista au nom de son maître; pour le forcer à emporter cet argent, je fus obligée d'effacer le plan devant lui, afin de lui prouver que cela ne me faisait pas perdre cinq minutes. »

Ce portrait, exposé en 1784 avec celui de M. de Calonne que l'artiste venait de peindre, fit dire à l'abbé Arnaud, en les voyant (¹), cette méchanceté : « Voilà précisément l'esprit et la matière. » Mme Vigée-Lebrun a fait deux copies du portrait de Beaujon, l'année suivante 1785 (²).

D'après l'aimable et spirituelle artiste, les fameuses berceuses de Beaujon appartenaient au meilleur monde; elles étaient au nombre de cinq ou six dames, parmi lesquelles Mme du Lys, la femme du lieutenant-criminel,

(¹) L'abbé Arnaud (François), né à Aubignan, près Carpentras, en 1721, mort à la fin de 1784. Littérateur distingué, membre de l'Académie française en 1771. — C'est un trait d'esprit, mais aussi une méchanceté. M. de Calonne, jeune encore d'apparence et séduisant, était en effet un autre modèle que le pauvre paralytique; mais, comme financier, il a donné plus tard la preuve de sa médiocrité quand, de 1785 à 1787, il fut ministre des finances de Louis XVI.

(²) C. N. Cochin, le grand dessinateur, ami de Mme la marquise de Pompadour et de son frère M. le marquis de Marigny, a fait aussi un portrait de Beaujon, qui a été gravé par Langée. Il l'a représenté de face, la main droite sur le bras d'un fauteuil et la gauche perdue sous l'habit dans les dentelles de son jabot, laissant paraître sur sa poitrine le grand-cordon de Saint-Louis. Une belle épreuve de ce rare portrait, gr. in-4°, est à la Bibliothèque nationale. Ce portrait a été copié et gravé depuis par Conquy, dans un format in-8°.

et la baronne de Cangé, autrement dit Mme Fenouillot de Falbaire, qui exerça, dit-on, aidée de son mari, une influence très grande sur le Crésus, qui ne voyait que par ses yeux.

« Il faut dire à la louange de M. de Beaujon, ajoute en terminant Mme Vigée-Lebrun, qu'il dépensa en bonnes œuvres une **grande** partie de son immense fortune; jamais un malheureux ne s'est vainement adressé à lui et l'hôpital du faubourg du Roule recommande son nom comme celui d'un bienfaiteur de l'humanité ('). »

La lecture de ces divers documents démontre suffisamment que les contemporains de Beaujon ont été souvent bien injustes dans leurs appréciations des actes de ce généreux financier, mais ne nous apprend rien de ce que nous tiendrions tant à connaître: l'endroit où furent déposés ses restes mortels, quand on les enleva de la chapelle Saint-Nicolas-du-Roule.

Le bureau des cimetières parisiens, à l'Hôtel de Ville, auquel en dernier ressort je me suis adressé, ne possède *aucune trace d'une translation quelconque* (²).

Je répéterai donc avec tristesse, en terminant cette notice, ce que j'ai écrit comme épigraphe:

A quoi tient la gloire !

(¹) Dans le dossier qui m'a été communiqué aux Archives nationales, je trouve que Nicolas Beaujon fut parrain, le 7 novembre 1786, peu de jours avant sa mort, de l'enfant d'une parente de sa femme, je copie:

« Église paroissiale de Saint-Sulpice de Paris : Le 7 novembre 1786, Nicolas Beaujon, conseiller d'État, représenté par Mre Jacques-Bernard de Balan (mari de sa sœur), chevalier, conseiller du Roi à la cour des Aydes, fut parrain d'une fille de D^elle Nicole-Élisabeth Bontemps, épouse de Mre Claude-Joseph-Gabriel vicomte de Vaulx, maréchal des Camps et Armées du Roy, gouverneur de Valence, demeurant rue des Vieilles-Thuilleries. »

(²) Lettre de la Préfecture du département de la Seine, en date du 20 juin 1905 (n° 614), en réponse à ma demande de renseignements sur la sépulture Beaujon.

ERRATUM

Dans ma précédente étude sur les portraits et gobelins légués à la Chambre de commerce de Bordeaux par Nicolas Beaujon ([1]), je dis, page 32, au sujet du portrait en tapisserie de gobelin, nᵒ 4 : que ce portrait est celui de Louis, dauphin de France, fils de Louis XV, mort le 20 décembre 1765. Il faut lire :

Louis, Dauphin de France, plus tard *Louis XVI,* né en 1754, fils du Dauphin, mort le 20 décembre 1765, par conséquent *petit-fils de Louis XV, auquel il succéda en mai 1774.*

L'erreur, qui m'a été tardivement signalée par l'honorable directeur de la manufacture nationale des Gobelins et que j'ai constatée dans la collection des portraits gravés de la Bibliothèque nationale, a été causée par la physionomie maladive du jeune prince qui, en 1769, au moment où Michel Van Loo peignit son portrait, avait quinze ans à peine et ne ressemblait absolument en rien aux portraits qui ont été faits de lui postérieurement.

Le complément de la notice est exact ; ce beau et inestimable gobelin exécuté par Cozette, *pour M. de Beaujon,* fut exposé en 1773 ; le portrait de Michel Van Loo a du reste été gravé par Bonnet ; la Bibliothèque nationale en possède plusieurs épreuves format in-octavo, ainsi que des copies des graveurs J.-M. Moreau (1770), Ed. Wilson et Voyez. Le portrait de J.-M. Moreau est dédié à Madame Adélaïde de France, fille de Louis XV, tante du jeune Dauphin, avec cette mention : « à Paris, chès Moreau, rue La Harpe, vis à vis M. Le Bas. »

La citation du duc Emmanuel de Broglie, seule, n'a plus sa raison d'être puisqu'elle regarde le fils de Louis XV et non le futur Louis XVI.

([1]) Imprimerie G. Gounouilhou, 1902.

ALFRED DE VIGNY

QUATRE LETTRES INÉDITES

Par M. DE BORDES DE FORTAGE

Un volume de la correspondance d'Alfred de Vigny vient de paraître (¹). Ce premier recueil ne comprend guère que les lettres du poète déjà insérées dans ces dernières années par un grand nombre de revues ou de journaux : lettres à la vicomtesse du Plessis, publiées par M. Brunetière; à Philippe Busoni, par M. Henri Lapauze, etc., etc., ou dans divers ouvrages de MM. Léon Séché, Edmond Biré, Paul Lafon, Ernest Dupuy, Adolphe Jullien, etc. Seules les lettres adressées par Vigny à Mlle Camilla Maunoir (²) et à Auguste Barbier, ces dernières publiées récemment dans la *Revue politique et littéraire* par M. Alfred Rébelliau, n'ont pu être recueillies et le seront dans le second volume que nous promet la préface du premier. La part de l'inédit est donc assez maigre dans celui-ci : une trentaine de lettres environ sur 197. Mais il faut remercier l'éditeur d'avoir pris le soin de recueillir en un volume et sous leurs dates respectives tant de lettres éparses, jusqu'à ce jour, dans un

---

(¹) *Alfred de Vigny : Correspondance, 1816-1863*, recueillie et publiée par Emma Sakellaridès. Paris, Calmann-Lévy, s. d. (1 février 1906), in-18 de VI - 406 pages.

(²) Dix-huit lettres publiées sous le titre de : *Lettres à une puritaine*, par M. Philippe Godet, dans la *Revue de Paris*, n^{os} des 15 août et 15 septembre 1897.

grand nombre de journaux, de revues ou d'ouvrages qu'il était bien difficile de réunir ou simplement de consulter, même quand on connaissait les titres et les dates des divers recueils où elles ont paru, et parmi lesquelles une annotation discrète mais précise, guide toujours le lecteur. Un coup d'œil jeté sur la table des correspondants de Vigny fera comprendre tout l'intérêt que présente cette première et encore bien incomplète collection de lettres, où l'on sent palpiter l'âme si noble de l'auteur des *Élévations*. Toutes révèlent, comme le dit excellemment l'éditeur, « une intelligence constamment en éveil, ainsi que de rares qualités d'observation, de jugement, de sentiment... Le poète pense ses lettres ; point de formules banales, point de phrases à effet, mais une recherche de vérité dans l'expression d'une idée ou d'un sentiment. » Malgré la réserve du gentilhomme stoïcien, qui écrit, dans l'une d'elles : « Je me sens bien le courage de supporter ce qu'il y a de pénible dans ma vie, mais non de le raconter, » ces lettres font mieux connaître l'homme rare que fut Vigny. Ajoutons qu'elles introduisent dans la galerie épistolaire, déjà si riche, de la France, un nouveau maître du genre. Quelques-unes, surtout les lettres délicieuses adressées à la vicomtesse du Plessis, cousine d'Alfred de Vigny, nous ouvrent un jour inattendu sur ce cœur qu'on avait cru fermé, d'après certains témoignages contemporains, et qui fut, en réalité, un des plus douloureux et des plus tendres qui aient jamais battu dans une poitrine d'homme. Elles nous apprendraient, si nous ne le savions déjà, que Vigny eut sa large part de ces souffrances humaines dont, en vers inoubliables, il a chanté la majesté.

La correspondance avec la vicomtesse du Plessis, les

lettres à Philippe Busoni, l'un des amis les plus chers de Vigny, nous font, en outre, savoir que le poète qu'on a si souvent taxé d'infécondité, dont on a parfois critiqué l'inspiration courte et rare, travaillait jour et nuit, la nuit plus souvent que le jour, et entassait, en particulier, au Maine-Giraud, vieux domaine familial, où il passait de longs mois chaque année, œuvres sur œuvres. Dans la fameuse *tour d'ivoire* où de bonne heure Vigny s'enfermait, la Muse était entrée avec lui. Écoutons-le : « Je donne des distractions et je n'en ai pas, ni n'en veux chercher, si ce n'est dans le travail de mes nuits qui sont mes refuges et mes forteresses (¹). » — « J'écris et j'ai, ici, dans mon ermitage, bien des volumes à imprimer (²). » Dans plusieurs de ses lettres, et à différentes époques, il revient sur « ses caisses pleines de manuscrits », sur « ces œuvres accumulées » qui ne paraîtront, dit-il encore, « que lorsque l'heure sonnera. »

Alfred de Vigny est mort le 17 septembre 1863. A part le très beau recueil des *Destinées*, publié en 1864, et les fragments groupés, en 1867, sous le titre de *Journal d'un poète*, Louis Ratisbonne, exécuteur testamentaire choisi par Vigny, est mort lui-même au mois de septembre 1900, sans avoir mis au jour une seule des œuvres inédites laissées par le grand écrivain.

On sait avec quelle rigueur implacable, quelle probité jalouse d'artiste épris de son art, Vigny jugeait toutes ses productions. Soucieux, comme il le dit, dans la préface des poèmes datée de 1837, d'épargner à l'avenir « son travail d'épurations rigides », il avait condamné sans retour et retranché, selon sa propre expression, « de l'élite de ses créations, » le poème d'*Héléna*, qui ne

(¹) Lettre à la vicomtesse du Plessis, en date du 28 février 1860.
(²) A la même, 11 mars 1852.

figure que dans le recueil de 1822, et un assez grand
nombre de vers ou d'articles de critique littéraire parus
dans les revues auxquelles il collabora au temps de sa
ferveur romantique, et, en particulier, dans la *Muse
française*. Toutes ces suppressions marquent une fer-
meté bien rare chez les poètes, en même temps qu'un
goût très sûr et très délicat. Il est résulté de cette inces-
sante sélection, poussée jusqu'au scrupule, une œuvre
sobre, d'une grandeur sévère, d'une rare distinction, et
absolument dépourvue de ces non-valeurs qui encom-
brent et alourdissent trop souvent les œuvres complètes
des plus grands écrivains.

Espérons que plusieurs de celles que Vigny — c'est
lui-même qui nous l'apprend, dans de nombreux passages de ses lettres — fut, à diverses reprises, sur le
point de publier, finiront par voir le jour, si, comme il
est permis de le penser, elles n'ont pas toutes été
détruites. Nous savons que ces fruits d'une laborieuse
solitude appartenaient aux genres les plus variés :
réflexions et pensées, poèmes, romans et drames.
Parmi ces derniers, souhaitons de voir paraître cette
tragédie de *Roland*, que l'auteur portait déjà dans sa
tête lors de ses séjours à Bordeaux en 1823-1824, qu'il
dut achever dans les Pyrénées, dont il parlait à Edmond
Géraud [1], et qu'il déclare pourtant, dans le *Journal
d'un poète*, avoir brûlée en 1824, c'est-à-dire tout de
suite après l'avoir composée.

[1] V. *Un homme de lettres sous l'Empire et la Restauration* (Edmond Géraud), fragments de journal intime publiés par Maurice Albert.
Paris, Flammarion, s. d. (janvier 1893), in-18, p. 225.

Il y aurait une étude intéressante à faire sur les séjours d'A. de Vigny à
Bordeaux, où se trouvait, en ce moment, Marceline Desbordes-Valmore,
et sur les relations du poète avec la société bordelaise, à laquelle il fut
présenté par Edouard Delprat, cousin d'Émile Deschamps. Peut-être
essaierons-nous de l'écrire quelque jour.

Espérons, au moins, que l'appel fait au public, en vue d'un second volume de la correspondance, sera entendu, et que tous les détenteurs de lettres inédites de l'illustre poète tiendront à apporter leur pierre, si modeste soit-elle, à un monument destiné à honorer à la fois la mémoire d'Alfred de Vigny et les lettres françaises.

Les quatre lettres inédites que nous publions aujourd'hui et dont les originaux sont depuis longtemps en notre possession, si elles n'apprennent rien de nouveau sur le poète et sur son œuvre, sont loin d'être dépourvues de tout intérêt.

La première fut adressée à Sainte-Beuve à l'occasion d'une étude sur l'abbé Prévost, publiée en 1831, par l'illustre critique, dans la *Revue de Paris*. A cette date où l'auteur de tant de romans bien peu lus encore aujourd'hui ne se survivait guère que par la seule *Manon Lescaut*, Vigny se rend déjà très bien compte de la haute valeur de Prévost, dont il juge la vie si mouvementée avec une singulière indulgence, et de la reconnaissance que la postérité littéraire du grand romancier doit à ce fécond ancêtre.

Dans la deuxième, datée du 7 mars 1835, il remercie un éditeur pour des propositions arrivées trop tard, et relatives au drame de *Chatterton* qui venait de triompher, avec Mme Dorval, au Théâtre-Français, le 12 avril 1835.

La troisième, plus longue, et dont le destinataire nous est inconnu, nous fournit une nouvelle preuve de l'activité de l'écrivain, en nous entretenant de ses projets, et nous fait entrer davantage dans l'intimité de l'homme, devenu le tuteur de sa mère, à la suite de la terrible maladie qui fit de lui, pendant de longues années, l'assidu garde-malade de celle-ci ([1]).

Cette lettre fut écrite à peu près au moment même où la malade allait succomber au mal implacable qui la minait. Alfred de Vigny adorait sa mère, femme aussi remarquable par la distinction et la beauté que par les dons de l'esprit et du cœur. Il subit la torture de voir s'éteindre, peu à peu, la noble intelligence qui avait dicté à la tendresse maternelle les admirables avis ([2]) à l'enfant d'élite, et déjà grave et pensif, qui entrait, en 1814, et en qualité de lieutenant, aux mousquetaires rouges ([3]).

Par la dernière, enfin, adressée à un cousin, ce qui n'est pas une indication très précise, — Vigny nous apprenant, dans ses lettres à la vicomtesse du Plessis, qu'il a des cousins par toute la France, — le poète répond à une demande de recommandation qui lui est transmise, pour un tiers, en vue d'un emploi à obtenir.

Dans la transcription de ces lettres, nous avons scrupuleusement respecté l'orthographe, la ponctuation et l'accentuation de Vigny.

Notre gerbe est modeste; telle qu'elle est, nous la joignons avec empressement et confiance à la moisson que des mains pieuses préparent pour un prochain avenir.

1er mars 1906.

([1]) V. à cet égard : *Correspondance, passim*, et le *Journal d'un poète*.
([2]) *Conseils à mon fils*, manuscrit inédit de Mme de Vigny, publié dans le *Sillon*, n° du 10 janvier 1905.
([3]) Le portrait de Vigny, à cette époque même, et dans le costume militaire qu'il portait, est aujourd'hui au *Musée Carnavalet*.

QUATRE LETTRES INÉDITES

D'ALFRED DE VIGNY

I

A Sainte-Beuve.

J'ai lu hier dans la *revue de Paris* votre article sur l'abbé Prévôt. Il m'a plu singulièrement et comme je ne sais quand je vous verrai je ne puis m'empêcher de vous le dire. Vous avez dit sur lui tout ce que nous lui devons, nous, sa postérité, nous, ses amis, nous qui sympathisons avec ses erreurs décentes, ses désespoirs profonds et ses passions d'honnête homme. J'irai vous voir bientôt cher ami, ceci est comme un serrement de main en passant.

Alfred DE VIGNY.

29 septembre
1831 (¹).

Suscription : Monsieur Monsieur Sainte - Beuve rue Notre Dame des champs 19 Paris.

II

A un éditeur inconnu.

Je m'empresse de vous dire, Monsieur, avec beaucoup de regret, que j'ai traité pour le drame de *Chatterton* avec un Editeur (²) qui, s'étant offert longtemps avant vous et avec des conditions supérieures, ne pouvait être refusé.

(¹) Le timbre de la poste porte le 30 septembre.
(²) Hippolyte Souverain.

Je vous remercie de l'empressement que vous m'avez témoigné et je vous prie d'être bien assuré que je vous en saurai toujours très bon gré si, comme je le désire nos relations se renouvellent.

Agréez l'assurance de ma considération.

Alfred DE VIGNY.

7 mars
1835.

III

A un ami.

5 septembre
1837 — mardi.

Je ne desespére pas d'avoir l'honneur de vous voir chez vous, Monsieur, avant peu de tems, mais je veux vous répondre sur les bruits dont vous m'avez fait part, avec un intérêt dont je vous remercie infiniment.

Il n'y a rien de fondé dans l'intention qu'on me suppose de vendre le Maine Giraud. Je le pourrais depuis trois ans, étant nommé par toutes les formes de la Loi, *tuteur* de ma mère, depuis la malheureuse maladie qui a nécessité son interdiction. mais je desire garder celte propriété et j'ai le projet d'y aller achever de longs ouvrages que le mouvement de Paris peut interrompre et pour lesquels il me faut le recueillement de la campagne. Je vais y envoyer même des malles de livres. Cependant je serais bien aise d'affermer si je trouvais un homme honorable qui se proposât et qu'il me fut démontré que la terre gagnerait en valeur dans ses mains. Aucun témoignage ne peut me paraître plus précieux que le vôtre, monsieur, et je recevrais avec une reconnaissance infinie les avis que vous voudriez bien me donner. Votre profonde connaissance du pays et nos liaisons de famille m'assurent que je ne puis que gagner à vous entendre et à mettre ma confiance entière dans vos avis. Quand doit venir la personne que vous m'annoncez? Je desire beaucoup le savoir pour ne pas me croiser avec elle.

Vous me dites qu'elle a besoin d'aller à Paris. Je serai charmé de la voir et de lui parler de ce projet d'affermer sur lequel déjà quatre propositions différentes m'ont été faites.

Agréez monsieur l'assurance de mes sentimens affectueux.'

Alf^d DE VIGNY.

3 Rue des Ecuries d'Artois.

IV

A un de ses cousins.

Au milieu de la nuit et parmi des occupations nombreuses auxquelles la journée ne suffit pas, je veux vous répondre sur le champ, mon cher cousin, pour vous dire que la personne qui vous écrit se fait de grandes illusions sur le crédit qu'elle me suppose. Je ne sais même pas à qui l'on devrait s'adresser pour des emplois de la nature de celui qu'elle a quitté et de ceux qu'elle ambitionne.

Plusieurs fois j'ai eu l'occasion de m'assurer que les places dans les chemins de fer, sur toutes les lignes, dépendaient des administrateurs et je n'en connais aucun.

Croyez, mon cher cousin que je serais heureux de vous être agréable en toute autre occasion et agréez l'assurance de mes sentimens les plus constans d'attachement et d'estime.

Alfred DE VIGNY.
11 avril 1856.
6 — R. des Ecuries d'Artois.

VIEUX SOUVENIRS

CHAMBORD

Par M. GUSTAVE LABAT

« Foy de gentilhomme (¹). »

I

Je traversais Blois l'autre jour ; la silhouette de son château, entrevue imparfaitement du chemin de fer, évoqua en moi le souvenir d'une excursion artistique que je fis, il y a quelque vingt ans, à cette charmante ville et à Chambord.

Grâce aux modes faciles et rapides de voyager aujourd'hui, tous les touristes munis des instructifs et fidèles Guides Joanne connaissent au moins un peu Blois et ses environs ; j'en parlerai donc succinctement, me bornant à recommander aux amis du pittoresque plusieurs visites qui s'imposent dans cette vieille et curieuse cité :

A la cathédrale Saint-Louis, d'abord, édifice de diverses époques terminé au commencement du XVII° siècle,

---

(¹) Brantôme, dans ses Discours, a fait sur les jurements des rois le quatrain suivant :

> Quand la Pasque-Dieu décéda... Louis XI,
> Par la Jour-Dieu lui succéda... Charles VIII,
> Le diable m'emporte tint de près... Louis XII,
> Foy de gentilhomme vint après... François I⁰ʳ.

renversé par un ouragan terrible en 1678 et promptement reconstruit en grande partie par les bienfaits de Louis XIV. On y voit entre autres objets d'art un tableau représentant saint Louis rendant la justice, dû au pineeau de Robin (¹), artiste blésois, auteur du plafond du Grand-Théâtre de Bordeaux; à Saint-Vincent-de-Paul, où se trouve ce que les iconoclastes de 93 ont laissé du monument élevé à la mémoire de son père, le faible Gaston d'Orléans, dont la vie se passa à conspirer contre la royauté et à laisser périr sur l'échafaud ses complices, par sa fille, la grande Mademoiselle, romanesque et spirituelle personne, qui s'avisa, à plus de quarante ans, de s'éprendre du beau et inconstant Lauzun; au Collège, dont les salles font songer à Augustin Thierry et à la révélation qu'il y eut, étant élève, de sa vocation pour les grands travaux historiques en lisant *les Martyrs* de Chateaubriand; au remarquable Évêché, œuvre des Gabriel (²), architectes de la Bourse et de la Douane de Bordeaux, sœurs aînées des magnifiques hôtels de la place de la Concorde, à Paris; à quelques antiques et intéressants logis répandus un peu partout dans la ville; enfin, au superbe château reconstruit en partie par le bon roi Louis XII, qui y était né en 1462, et admirablement restauré de nos jours par l'habile et consciencieux architecte Duban; la reine Anne de Bretagne y mourut en 1514, à l'âge de quarante-quatre ans, après une longue

(¹) Robin (J.-B.-Ch.), né à Blois, agréé de l'Académie de Peinture (1772), titulaire quelques années après.

(²) Gabriel (Jacques), architecte, élève et parent de Mansard, né à Paris en 1667, mort dans la même ville en 1743, auteur des dessins de la place Royale de Bordeaux, architecte du roi et chevalier de l'ordre de Saint-Michel, a terminé à Paris le pont Royal, commencé par son père.

Gabriel (Jacques-Ange), fils du précédent, né à Paris en 1709, y est mort en 1782; il restaura la colonnade du Louvre de Perrault, bâtit l'École militaire et les deux beaux hôtels de la place de la Concorde, le Ministère de la Marine et le Garde-meuble.

maladie (¹) et ses murs furent témoins, pages les plus émouvantes de son histoire, de l'assassinat du duc de Guise et de son frère le cardinal, lors de la tenue des États Généraux du royaume par Henri III, le 23 décembre 1588.

On s'est beaucoup occupé de Chambord; les descriptions, gravures, lithographies et dessins qu'on en a faits sont fort nombreux. Depuis Androuet du Cerceau (²) dans son recueil *Des plus excellens bastimens de France* jusqu'aux publications aussi complètes que documentées du savant M. de la Saussaye (³), membre de l'Institut, aux superbes eaux-fortes d'Octave de Rochebrune, l'infatigable graveur fontenaisien, et à celles plus récentes d'Eugène Sadoux, qui accompagnent la notice historique de M. Perret (⁴), il semble que tout a été dit et fait sur cette grandiose création de la Renaissance, que Viollet-le-Duc nomme *un caprice colossal*, ce sont donc simplement des impressions toutes personnelles que je vais rappeler.

II

Parti de Paris, j'arrivai à Blois à la fin de mai 1864 par un temps magnifique, à la nuit tombante, au moment où la brume inhérente à une chaude soirée de printemps

(¹) Anne de Bretagne, née à Nantes en 1470; elle épousa Charles VIII .et, restée veuve, le roi Louis XII, avec qui elle eut Claude de France, femme de François Ier.

(²) Androuet (Jacques), surnommé du Cerceau, savant architecte protestant du XVIe siècle, né à Paris ou à Orléans vers 1530; a publié son livre *Des plus excellens bastimens de France,* dédié à Catherine de Médicis, s'expatria en 1576, pour fuir l'oppression religieuse, et mourut à l'étranger.

(³) *Le château de Chambord,* par L. de la Saussaye, membre de l'Institut (Académie des Inscriptions et Belles-Lettres). Lyon, imprimerie de Louis Perrin, 1859 (8e édition).

(⁴) *Chambord* (Extrait des *Châteaux historiques de la France,* par Paul Perret). Eaux-fortes d'Eugène Sadoux. H. Oudine frères, lib.-édit.; Paris-Poitiers, 1880.

commençait à estomper la ville. J'ai encore présent à la mémoire le tableau intéressant que formaient cet imposant château, ces clochers, ces maisons aux pignons pointus et ces grands arbres des deux rives se mirant dans la Loire, dorée par les feux du soleil couchant; je me promenai longtemps dans Blois au crépuscule et je pus un instant me croire transporté en plein moyen-âge; les honnestes bourgeois en pourpoints, coiffés de leur bicoquet et chaussés de souliers à la poulaine, manquaient malheureusement pour que l'illusion fût complète.

Le lendemain, de très grand matin, j'entreprenais mon pèlerinage au château des Fées.

Deux routes conduisent à Chambord : l'une, la plus longue, passant par Vineuil, les Crotteaux et Huisseau-sur-Cosson; l'autre, plus praticable et bien jolie aussi, suivant la levée de la rive gauche de la Loire et traversant le gros bourg original de Saint-Dié, qui commença, dit-on, par être un ermitage au temps des rois mérovingiens.

Fidèle à ma vieille et mauvaise habitude, je pris le chemin des écoliers, me réservant de revenir par Saint-Dié; le temps était splendide, la campagne embaumée et ravissante; de Vineuil et des Crotteaux, pas grand'chose à dire, si ce n'est que ces deux villages sont placés sur les bords du Cosson, où se reflète mystérieusement aussi, au milieu des grands arbres de son parc, le délicieux castelet des Crotteaux (les petites grottes), appartenant alors à la comtesse de la Marre.

PERENNET VT AMNIS

« Qu'il dure autant que le ruisseau, » telle est la poétique inscription que le vertueux Guillaume Ribier (¹),

(¹) C'est une figure blésoise. Guillaume Ribier, conseiller d'État, témoin et acteur aux États-Généraux de 1614; il obtint de Louis XIII et de la reine-mère tout ce qu'il demanda pour son pays.

conseiller de Marie de Médicis dans son exil à Blois, a placée au-dessus de la porte d'entrée quand il construisit son hospitalière maison.

Quelques centaines de mètres après les Crotteaux se trouve la clôserie de la Blanchardière, ancienne petite gentilhommière, à pignon et mâchicoulis, admirablement située dans un groupe de chênes et de bouleaux séculaires aux pieds desquels coule en murmurant le Cosson.

Puis vient Huisseaux et sa vieille église, derrière laquelle s'élèvent les tourelles de l'important manoir de Saumery (¹), dont les propriétaires furent jusque sous Louis XVI, qui les remplaça par un Polignac, gouverneurs de Chambord.

Mais Huisseaux et ses bruyants moulins disparaissent bientôt cachés discrètement dans les saules de la petite rivière et l'on aperçoit l'immense muraille du parc de Chambord, qui entoure de ses grands bras de plus de huit lieues l'étendue du domaine. En pénétrant dans la

---

(¹) 1650 (11 avril). Gaston, fils de France, oncle du Roy, duc d'Orléans, de Valois, de Chartres, comte de Bloys, donne la charge de *concierge de son chasteau de Chambor* à Jacques de Johannes, sieur de Saumery.

1689. Estat des officiers, gardes et portiers de la capitainerie de Chambord que le Roy (Louis XIV) veut faire jouir des privilèges et exemptions dont jouissent les commensaux de sa maison pendant la présente année 1689.

Officiers :

Le Sʳ Jacques de Johannes, chevalier, seigneur de Saumery, capitaine, et le Sʳ Jacques-François de Johannes, son fils, en survivance. . . XVIᶜ.
Le Sʳ Jean-Baptiste de Johannes, lieutenant . . . . VIᶜ.
Le Sʳ Marron de Choles de Pradines, sous-lieutenant. . . . . . VIᶜ.
Etc., etc.
(Archives nationales : Chambord-Château 326.)

Les de Choles ou Collas de Pradines sont de Provence. A la fin du XVIIIᵉ siècle, un membre de cette ancienne famille vint en Guienne et épousa Mˡˡᵉ de Sallegourde, héritière du château de ce nom à Villenave-d'Ornon (Gironde); le comte de Pradines fut maire de cette commune sous la Restauration jusqu'en 1830; leur fille s'est mariée avec M. Adolphe de Barrigue de Fontainieu, originaire de Marseille, élève de Grunet et artiste des plus distingués.

forêt par la porte d'Huisseaux, on se trouve chez les héritiers du dernier des Bourbons.

III

L'avenue de Charles X, longue de deux à trois kilomètres, conduit à Chambord. Quand nous en eûmes parcouru environ le tiers, nous commençâmes à apercevoir au-dessus des épais taillis de bouleaux et de pins pointer les clochetons, les girouettes et les énormes cheminées du château.

Curieux incident à noter : nous vîmes une harde d'une douzaine de chevreuils, petits et grands, traverser la route à cinquante ou soixante mètres de notre véhicule sans paraître le moins du monde effrayés. J'en fus naturellement surpris, mais mon guide m'en donna vite l'explication avec l'accent ravissant du Blésois : « Les chevreuils, me dit-il, mangent au printemps les pousses des genévriers, ce qui les enivre et les rend faciles à approcher. » Vingt minutes après, nous nous arrêtions dans le petit village de Chambord, aux pieds mêmes du château.

On a dit que Chambord était une fantaisie en pierre. Rien de plus exact, rien de plus vrai, car l'aspect du château a quelque chose de particulièrement fantastique : ces tourelles, ces clochetons, ces cheminées, ces flèches, qui dominent le monument, l'ordonnance même de sa construction aussi pittoresque que majestueuse, vous saisissent, et ce qui tend peut-être à en faire ressortir l'originale beauté, c'est, sans aucun doute aussi, la sauvagerie du lieu choisi par le roi-chevalier ; car Chambord, il faut le remarquer, est bâti en pays de plaine, près du Cosson,

qui traverse son parc (sa forêt serait plus justement dit)
de l'est à l'ouest et sur un terrain marécageux, au milieu
des tristes campagnes où commence la sablonneuse et
ingrate Sologne.

Un souvenir d'amour n'a pas peu contribué, croit-on,
au choix de François Ier, car cela lui rappelait sa jeunesse, alors que, comte d'Angoulême, il visitait la belle
châtelaine de Thoury, sa maîtresse, dont le manoir s'élevait à la sortie sud du parc, près du pavillon de garde de
Montfrault.

On a la certitude aujourd'hui que la construction de
Chambord est l'ouvrage d'un artiste blésois : « *Pierre
Nepveu dit Trinqueau, maistre de l'œuvre de maçon-
nerie du baptisment du Chastel de Chambord* ». Mais
que ce soit Pierre Nepveu ou tout autre, c'est à tort que
la tradition a longtemps attribué les plans de cette
merveille d'architecture aux maîtres italiens Primatice,
Rosso et Vignole, venus tous en France plusieurs années
après le commencement des travaux (1526), au retour
de la captivité du roi à Madrid.

« On prétend, dit Viollet-le-Duc ([1]), que le Primatice
fut chargé de la construction de Chambord. Le Primatice
serait-il là pour nous l'assurer, nous ne pourrions le
croire, car Chambord n'a aucun des caractères de l'architecture italienne du commencement du xvie siècle ;
c'est, comme *plan*, comme *aspect* et comme *construction* une œuvre non seulement française, mais des bords
de la Loire. » . . . .

. . . .

« C'est quelque maître des œuvres français, quelque
Claude ou Blaise, de Tours ou de Blois, qui aura bâti

---

(1) Viollet-le-Duc, *Dictionnaire raisonné d'Architecture française
du XIe au XVIe siècle*, tome III, pages 186 et 187.

Chambord, et si le Primatice y a mis quelque chose, il n'y paraît guère ; mais avoir à la cour un artiste étranger, en faire une sorte de surintendant des bâtiments, le combler de pensions, cela avait meilleur air que d'employer Claude ou Blaise, natif de Tours ou de Blois, bonhomme qui était sur son chantier pendant que le peintre et architecte italien expliquait les plans du bonhomme aux seigneurs de la cour émerveillés. »

Cette opinion de l'auteur du livre le meilleur et le plus complet qui ait été publié sur l'architecture française au moyen-âge, est un jugement sans appel que corroborent du reste les recherches auxquelles s'est livré l'érudit recteur de l'Académie de Lyon ([1]).

Tout surprend dans la construction de Chambord ; mais la conception la plus ingénieuse du bâtiment est certainement le magnifique escalier à double vis, merveille architecturale où l'artiste blésois s'est joué des plus grandes difficultés.

Cet escalier justement célèbre est placé au centre de la salle des Gardes, qui affecte la forme de la croix grecque et dont les voûtes artistement fouillées répètent dans chaque caisson la Salamandre et l'F couronné de ce roi qui partit pour l'Italie avec l'amour des batailles et qui en revint avec le goût des arts, car il puisa dans ce pays, où il entrait en victorieux, un redoublement de goût pour la magnificence, au contact de l'art et des artistes italiens.

Rien ne devait être d'un effet plus grandiose et plus original en même temps que l'escalier à double vis et les quatre salles qui l'entourent, si, comme on en est persuadé, les planchers qui séparent ces salles et cou-

---

([1]) M. de la Saussaye.

pent d'une manière désagréable l'escalier n'existaient pas dans l'origine, ce que semble dire du Cerceau (¹):

« Au milieu et centre est un escallier à deux montées percé à iour et autour iceluy quatre salles desquelles l'on va de l'une à l'autre en le circuissant. » On ne peut être plus explicite.

L'architecte Blondel (²) s'exprime ainsi en parlant du même escalier de Chambord :

« On ne peut trop admirer la légèreté de son ordonnance, la hardiesse de son exécution et la délicatesse de ses ornements; perfection qui, aperçue de la plate-forme du château, frappe, étonne et laisse à peine concevoir comment on a pu parvenir à imaginer un dessin aussi pittoresque et comment on a pu le mettre en œuvre. »

Après les appréciations si clairement exprimées d'artistes de la valeur de du Cerceau et de Blondel, tout paraît épuisé; néanmoins je ne peux résister au plaisir de citer encore ce que dit du fameux escalier la grande Mademoiselle, fille de Gaston d'Orléans (³), dans ses *Mémoires* :

« Une des plus remarquables et curieuses choses de la maison, c'est le degré fait d'une manière qu'une personne peut monter et l'autre descendre sans qu'elles se rencontrent, bien qu'elles se voient; à quoi Monsieur prit plaisir à se jouer d'abord avec moi. Il était en haut de l'escalier lorsque j'arrivai; il descendit quand je montai et riait bien fort de me voir courir dans la pensée que j'avais de l'attraper; j'étais bien aise du plaisir qu'il

---

(¹) *Le château de Chambourg. — Les plus excellens bastimens de France,* par Jacques Androuet du Cerceau, architecte, dédié à très illustre et très vertueuse princesse Catherine de Médicis, Royne, mère du Roy. M. D. LXXVI.

(²) Blondel (François), architecte, né à Ribemont (Aisne) en 1647, mort en 1686, a construit la porte Saint-Denis à Paris, etc., etc.

(³) *Mémoires de M*ˡˡᵉ *de Montpensier,* tome VI, page 102.

prenait, et (ajoute la grande Mademoiselle) je le fus encore davantage quand je l'eus joint. »

C'est charmant dans sa naïveté.

Le grand escalier à double vis est donc, on le voit, le morceau capital, la *great attraction* du château, c'est un chef-d'œuvre de l'art pour la hardiesse, les belles proportions et la variété du détail; il faut surtout l'admirer des salles du deuxième étage, qui s'harmonisent mieux avec lui par la richesse et la décoration de leurs voûtes partagées en caissons sur lesquels sont sculptés alternativement des Salamandres et des F couronnés.

C'est sous ces voûtes que Molière représenta devant Louis XIV, en 1669, pour la première fois, *Monsieur de Pourceaugnac* et, le 14 octobre de l'année suivante (1670), *Le Bourgeois gentilhomme*. A propos de cette dernière comédie, on ignore généralement que Molière ait eu un *collaborateur;* or, voici ce qu'on lit dans les *Mémoires* du chevalier d'Arvieux (¹) :

« Le Roy ayant voulu faire un voyage à Chambort pour y prendre le divertissement de la Chasse voulut donner à la Cour celuy d'un ballet, et comme l'idée des Turcs qu'on venoit de voir à Paris étoit encore toute récente, il crut qu'il seroit bon de les faire paroître sur la scène. Sa Majesté m'ordonna de me joindre à messieurs Molière et de Lulli pour composer une pièce de Théâtre où l'on pût faire entrer quelque chose des habillemens et des manières des Turcs. Je me rendis pour cet effet au village d'Auteuil où M. de Molière avoit une maison fort jolie, ce

---

(¹) *Mémoires du chevalier d'Arvieux*, envoyé extraordinaire du Roy à la Porte, consul d'Alep, d'Alger et de Tripoli et autres Echelles du Levant, par le R. P. Jean-Baptiste Labat, de l'ordre des frères Prêcheurs, à Paris, chez Charles-J.-B. Delespine le fils, libraire, rue St-Jacques vis à vis la rue des Noyers, à la Victoire, M. D. CCXXXV. (Pages 251 à 254 du IVᵐᵉ volume.)

fut là que *nous travaillâmes* à cette pièce de Théâtre que l'on voit dans les œuvres de Molière sous le titre de *Bourgeois gentilhomme*, qui se fit turc pour épouser la fille du Grant Seigneur ; je fus chargé de tout ce qui regardoit les *habillemens* et les *manières des Turcs*. La pièce achevée, on la présenta au Roy, qui l'agréa et je demeurai huit jours chez Baraillon, maître tailleur, pour faire faire les habits et les turbans à la turque. Tout fut transporté à Chambort et la pièce fut représentée dans le mois de *Septembre* (¹) avec un succès qui satisfit le Roy et toute la Cour.

» *Sa Majesté eut la bonté de dire qu'elle voyoit bien que le chevalier d'Arvieux s'en étoit mêlé.* »

Cette collaboration se borna à s'occuper spécialement de la confection des costumes et de leur exactitude et à apprendre aux acteurs les façons d'être des Orientaux avec lesquels il avait vécu nombre d'années ; mais après le compliment du roi, d'Arvieux demeura convaincu, c'est probable, que sans lui la pièce n'eût pas réussi... Pauvre Molière ! Heureusement que la postérité l'a vengé. Qui connaît aujourd'hui le chevalier d'Arvieux, dont les *Mémoires* sont perdus sur les rayons des bibliothèques?

C'est encore sous ces mêmes voûtes que plus tard Favart et sa troupe donnèrent leurs représentations, quand le maréchal de Saxe habita Chambord. On voit très bien dans la salle de l'ouest du deuxième étage, les traces des dorures et des peintures dont les Salamandres et les F couronnés du plafond avaient été couverts pour en enrichir l'ornementation.

(¹) C'est le 14 octobre 1670 que fut représenté pour la première fois *le Bourgeois gentilhomme* ; le R. P. J.-B. Labat est dans l'erreur en indiquant septembre.

Il faudrait plus d'une semaine pour visiter en détail l'œuvre de l'artisan blésois, ses quatre cent quarante chambres, toutes à cheminée; ses quarante-deux escaliers, grands et petits, dont treize règnent de fond en comble de l'édifice.

Le temps marchait trop vite à mon gré, je me promenai sur les terrasses, je montai au sommet de la célèbre lanterne qui termine si élégamment le double escalier pour admirer le merveilleux panorama qu'on y découvre : le cours de la Loire de Beaugency à Blois, ces deux villes, Mer et son clocher flamboyant, la campagne et la superbe forêt.

J'entrai, non sans émotion, dans les salles, la plupart complètement vides; de deux d'entre elles on a formé un intéressant musée avec quantité d'objets offerts à Mgr le comte de Chambord et quelques beaux portraits.

Ceux de la reine Marie Leczinska, ravissante toile de Carl Van Loo (¹); de Mme de Maintenon par Mignard (²); de Racine par Largillière (³); de Louis XIV et de Stanislas Leczinski; du maréchal de Saxe, etc., etc.

Et, bien triste rapprochement, la grande table en pierre de liais sur laquelle fut embaumé le corps du vainqueur de Fontenoy, mort le 30 novembre 1750, des suites d'excès de tout genre (⁴), à Chambord, que lui avait donné Louis XV, comme apanage.

(¹) Van Loo (Charles-André, dit Carl), né à Nice en 1705, mort à Paris en 1765; habile peintre, le plus célèbre de la dynastie des Van Loo.

(²) Mignard (Pierre), né à Troyes, en Champagne, en 1640, mort en 1695; illustre peintre de portraits, son œuvre est considérable.

(³) Largillière (Nicolas), né à Paris en 1656, mort le 20 mars 1746; encore un peintre célèbre, aussi remarquable dans ses compositions que dans les nombreux portraits qu'il a peints dans sa longue carrière; il faut, pour apprécier son double talent, voir à St-Etienne-du-Mont l'*ex-voto* à Ste Germaine, patronne de Paris, lors de la terrible famine de 1699, qui désola Paris et la France.

(⁴) Il y a plusieurs légendes sur la mort aussi prompte qu'obscure du

Je visitai plus en détail l'aile dite d'Orléans, côté du château qu'affectionnait François Ier. Il s'y était ménagé, dans un avant-corps que l'on remarque dans la partie de la façade regardant le parterre, une sorte dè buen-retiro, où il aimait à deviser en joyeuse et galante compagnie ; il y venait surtout à la fin de sa vie avec sa sœur la Marguerite des Marguerites, alors que, vieux avant l'âge et désabusé, il inscrivait sur le vitrail de la fenêtre, avec la pointe d'un diamant, le distique si connu :

> Souvent femme varie,
> Malhabil qui s'y fie.

Moins de deux siècles plus tard, la reine de Pologne, qui habita Chambord de 1725 à 1735 avec son mari le bon roi Stanislas Leczinski, s'était éprise dans cette même partie du château de la petite chapelle qui s'y trouve et, comme elle était très pieuse, elle passait les trois quarts de sa vie dans cette chapelle, qui a conservé depuis le nom d'« Oratoire de la reine de Pologne ».

A ces hôtes bienfaisants et tranquilles succéda le maréchal de Saxe. Avec ce prince de la main gauche, Chambord se réveilla de sa torpeur, ce ne furent plus que chasses, fêtes, folies de tout genre ; la troupe de Favart(¹)

maréchal : l'une le fait mourir des suites d'un coup d'épée reçu en duel ; on nomme même son adversaire qui serait le prince de Conti, son ennemi mortel ; mais aucune d'elles n'est acceptée par l'histoire.

On lui prête aussi un mot : *Mon rêve a été court, mais il a été beau*, aurait-il dit en mourant.

(¹) Favart (Charles-Simon), auteur dramatique français du XVIIIe siècle, qui eut son moment de grand succès avec ses compositions élégantes et frivoles ; il était né à Paris en 1710 et mourut dans la même ville en 1792 : il avait épousé à trente-cinq ans une charmante actrice de l'Opéra-Comique, Mlle du Ronceray (1745).

Il eut beaucoup à souffrir des agissements du maréchal de Saxe : celui-ci, honteux de sa conduite, lui fit, par la suite, beaucoup de bien, aussi Favart, en parlant de son ancien ennemi, disait-il, avec une pointe de philosophie : « Le maréchal m'a fait trop de bien pour que j'en dise du mal et trop de mal pour que j'en dise du bien. »

y jouait la comédie dans cette salle illustrée par Molière. Les relations du maréchal avec Mlle de Chantilly, femme de Favart (¹), sont trop connues et surtout trop scandaleuses pour en parler ; disons de suite qu'elles ne sont pas à l'avantage du fils d'Auguste II (²) et de la belle comtesse Aurore de Kœnigsmarck, qui employa pour triompher de la séduisante artiste les moyens les plus abominables : exil pour le mari, lettre de cachet pour la femme...

L'heure était venue de quitter Chambord, d'autant que je désirais traverser la forêt par les grandes routes de chasse : je voulais voir les cerfs, qui sont nombreux dans la partie où l'eau est abondante. Un garde me guidait par prudence, car c'était le moment du rut, époque où il est très dangereux de les approcher ; nous les entendîmes bramer, un seul parut et débucha à grande distance en s'enfonçant dans les taillis.

C'est avec un sentiment de profonde tristesse que je m'éloignai de Chambord qui, dans son poétique et mélancolique abandon, fait songer aux châteaux enchantés

---

(¹) Marie-Justine-Benoîte du Ronceray, épouse de Favart, connue sous le nom de Mlle de Chantilly, était née à Avignon en 1727 ; elle est morte à Paris en 1772, âgée de quarante-cinq ans ; elle fut élevée à Nancy où son père faisait partie de la musique de chambre du roi Stanislas. Très jolie et très séduisante, Mlle de Chantilly inspira une grande passion au maréchal de Saxe. Qu'elle ait ou non succombé aux obsessions sans trêve du vainqueur de Fontenoy, nous n'avons pas à nous en occuper ; nous dirons seulement qu'elle se consola plus tard avec l'abbé de Fusée de Voisenon, membre de l'Académie française ; qui ne connaît les jolis vers attribués à Marmontel :

Il était une femme, qui pour se faire honneur

. . . .

(²) Auguste II, électeur de Saxe, roi de Pologne en 1697, naquit à Dresde, il mourut en 1733.

C'est de lui que Frédéric II, roi de Prusse, a dit dans des vers vus et corrigés par son ami Voltaire :

Quand Auguste avait bu, la Pologne était ivre.

. . . .

des contes de fées, château magique où sont passés tant de rois et de reines, tant de grands personnages : François Ier, Charles-Quint, Henri II, Catherine de Médicis, François II, Marie Stuart, Charles IX, Louis XIII, Anne d'Autriche, Richelieu, Louis XIV, Mazarin, le maréchal de Saxe et les belles favorites Anne de Pisseleu, Diane de Poitiers, La Vallière, Montespan, Mme de Maintenon, etc. Château qui a été le témoin de si nombreux faits intéressant notre histoire nationale, adieu !... le temps presse, il faut partir...

J'eus bientôt gagné Saint-Dié et, après un coup d'œil jeté à son curieux clocher, je suivis jusqu'au pont de Blois la pittoresque levée de la Loire. Ménars étageait en face, sur la rive opposée, l'élégante ordonnance de son beau château et de ses superbes jardins ; je pensais à leur créatrice, une favorite aussi, la brillante marquise de Pompadour, à qui, comme à la Madeleine, il sera beaucoup pardonné parce que, élève de Nicolas Cochin et protectrice de François Boucher et de Quentin de la Tour, elle a beaucoup aimé..... les arts et les artistes.

Mais la nuit arrivait à grands pas, et tout était dans l'ombre quand je rentrai à Blois, sous le charme de l'inoubliable journée que j'avais passée au merveilleux château du dernier roi-chevalier, qui jurait pour toute chose par sa

Foy de gentilhomme !

DERNIERS VERS

Par M. GARAT

A Isabelle,
Mon arrière-petite-fille.

Tes quatorze mois ont sonné,
Tu quittes à peine tes langes,
Déjà le sourire des anges
Sur ton visage a rayonné;

Tes petits pieds dans leur souplesse
Gracieux, sans solidité,
Ont la fraîcheur et la mollesse
D'un beau lys en rose teinté;

Tes menottes sont blanches, rondes,
Ton iris de bleu coloré,
De boucles soyeuses et blondes
Ton pur ovale est encadré;

Tu dis papa d'une voix douce
Et maman sans difficulté,
Mais tu n'aimes pas qu'on te pousse
A dire un mot inusité;

De ton bisaïeul qui t'admire
Tu tires sans peur les cheveux,
Ton vain effort le fait sourire,
Arrache-les, si tu le peux;

Quand tu nous quittes, tu salues
Avec des gestes élégants,
Charmantes autant qu'ingénues
Sont tes grâces de mouvements.

A te contempler je m'attarde,
Pour te voir j'ai si peu de temps!
Et bien à fond je te regarde
De mes yeux encor clairvoyants;

Commençant à peine ta vie,
Tu croîs en force à chaque pas,
La mienne à son terme asservie
Va, sans répit, vers le trépas.

Peu de mois l'auront terminée,
Je le sais, sans crainte, et je sens
Que, malgré ma lutte acharnée,
Je ne pourrai voir tes seize ans.

Ma femme peut l'espérer seule ;
Onze ans, c'est un fort beau sursis,
Et qui le sait ? ta bisaïeule
Pourra peut-être voir ton fils.

Mignonne, j'attends ta réponse,
De ton savoir est-ce abuser ?
Ne me dis pas : « Non ! j'y renonce ! »...
Remplace-la par un baiser.

15 novembre 1906.

UNE VISITE

A LA

BIBLIOTHÈQUE NATIONALE

(MAI 1906)

Par M. GUSTAVE LABAT

L'Académie de Bordeaux a mis au concours pour
l'année 1906 et suivantes :

« Étude sur le miniaturiste bordelais Pierre de Abbate
» d'après le manuscrit de la Bibliothèque nationale
» (xvᵉ siècle) (¹). »

Ceux de nos collègues qui n'ont pas vu ce précieux
document d'un autre âge, seront peut-être heureux d'en
connaître l'importance, au moment même où dans une
des nouvelles salles de cet opulent dépôt parisien sont
réunies en grand nombre, à l'occasion d'une remarquable
exposition rétrospective, les œuvres inestimables des
Augustin, des Isabey, des Guérin, les grands maîtres de
la miniature moderne, confiées à la Bibliothèque par de
riches collectionneurs anglais et français.

Le manuscrit latin de Pierre de Abbate est un in-folio

(¹) Page 241 du troisième volume du catalogue des manuscrits de la
Bibliothèque royale de Paris. M.D.CC.XLIV (1744) :

« Nº 2129. Codex membranaceus, olim D. Dufresne.

» Ibi continentur *CASSIANI, monachi, de institutis cœnobiorum libri
duodecim :* singulis libris præmittantur index capitum et figurae non
inelegantes; ad calcem subjectus index alphabeticus.

» Is codex decimo quarto saeculo exaratus videtur. »

d'une étonnante conservation, composé de 131 feuillets en peau de vélin, écrits au recto, à l'exception de ceux consacrés à la préface et à la table qui le sont aussi au verso; la reliure en plein veau n'est pas du temps, mais néanmoins accuse un âge respectable; elle porte au dos pour titre : *Cassianus*(¹), deux fleurs de lys et trois doubles C entrelacés.

Le manuscrit est divisé en douze livres ou chapitres, qui traitent des institutions des communautés monacales; ils occupent 121 des feuillets; 2 autres sont consacrés à la préface et 8 à l'index alphabétique.

Chaque livre ou chapitre commence par une lettre capitale ornée, avec des entrelacs courant autour du feuillet; ces lettres sont d'une richesse particulière et accompagnées dans le manuscrit d'autres lettres moins grandes, peintes avec des rehauts d'or et d'argent, au nombre de 300 environ; le tout, écriture et travail, artistique, d'une exécution des plus habiles; mais la pièce principale du manuscrit est incontestablement le premier feuillet de la préface. En voici la description :

Plusieurs moines quêteurs, la tête recouverte du capuchon, vont et viennent, le bâton à la main, dans un riant paysage où s'élève un temple laissant voir à l'horizon, à droite et à gauche, les clochers de deux villes. Sur un plan plus rapproché, quatre autres de ces religieux s'agenouillent devant un vieillard assis, lui-même encapuchonné, un ermite ou le prieur, sans doute.

Cette composition est entourée d'entrelacs très compliqués au milieu desquels sont des enfants nus et des têtes de moines; enfin, dans le bas du feuillet, au centre

---

(¹) C'est un nom propre : Cassianus, Cassien, évêque d'Orte, d'Autun (335 + 355, août-5).
Cassiani (Jacques), chanoine régulier de Crémone (1449).

d'une couronne de fleurs et de fruits, soutenue par des anges, l'image de Dieu le père, représenté par un vieillard à longue barbe blanche, bénissant. A droite et à gauche des deux anges et à demi cachées, on aperçoit les armoiries. qui seront rappelées et décrites au premier livre. La lettre capitale de la préface est un V̇ délicatement peint.

Le premier livre commence par la lettre H, qui ne le cède en rien à la précédente; au bas des entrelacs qui encadrent l'écriture sont deux écus armoriés.

Celui de *dextre :* de gueules, écartelé au 1 et au 4 de 4 fasces d'argent et aux 2 et 3 d'un léopard rampant, également d'argent. Celui de *sénestre :* d'azur à trois têtes de Méduse d'argent, posées 1 et 2.

Au second livre la lettre capitale est un S; dans le bas du feuillet est peint le premier écu, celui de dextre, avec cette variante qu'il est divisé en deux parties; dans l'une, les quatre fasces d'argent, dans l'autre, le léopard, aussi d'argent, et sur le tout, en abîme, un aigle d'argent, les ailes déployées sur champ de gueules; dans les entrelacs, vers le milieu du texte, à gauche, une tête d'empereur romain.

La lettre capitale du troisième livre est un D d'une rare élégance, peint bleu et or, s'enlevant sur un champ de gueules, avec des entrelacs d'argent; à gauche du texte, une tête de vieillard et, au bas du feuillet, une tête de taureau dénudée et plusieurs fois répétées les armoiries déjà décrites.

C'est encore un D qui commence le quatrième livre; mais sa décoration est différente; dans les entrelacs de la feuille, à gauche, on remarque une tête de moine, un portrait sans aucun doute, enlevé avec une habileté que ne désavouerait pas un maître; dans le bas de la page, deux autres têtes de moines sont placées à droite et à gauche des armoiries de dextre du premier chapitre, avec cette différence cependant qu'au quatrième le champ est d'azur avec l'aigle du second livre écartelé d'argent et de gueules.

Les cinquième et sixième livres ont pour lettres capitales un Q et un S avec, le premier, une tête de reine âgée couronnée, et le second, une tête de vieillard; au bas du feuillet de ce dernier, l'écu de gueules aux quatre fasces d'argent.

Puis, c'est un T pour le septième livre et un Q pour le huitième; à gauche du texte, dans celui-ci, se détache une tête d'empereur, mêlée dans les entrelacs avec le corps nu d'un jeune enfant et, plus bas, le buste également nu d'un dieu marin.

Le livre neuf a un O pour lettre capitale; on voit à gauche une tête de sainte couverte d'un capuchon; dans la partie inférieure de la page sont répétées les armoiries connues.

C'est un S qui vient ensuite pour le livre dix, avec, au bas de la page, couchées l'une devant l'autre et en sens inverse, deux chèvres blanche et noire, la blanche sur le premier plan.

Le livre onze a un S, comme le précédent; on remarque à gauche, au milieu des entrelacs du feuillet, une belle. tête de moine à longue barbe blanche et à capuchon marron.

Enfin, la lettre O arrive pour commencer le douzième et dernier livre; dans les entrelacs se distingue une tête de moine avec un capuchon blanc.

La table a pour lettre capitale un A.

Toutes ces têtes de moines sont évidemment des portraits et des portraits bien dessinés et bien peints;

les physionomies ne se répètent pas et ont leur originalité
particulière, malgré l'uniformité écrasante du costume ; Pierre de Abbate était un artiste de grande envolée
et son œuvre est bien faite pour plaire aux délicats et
aux curieux. Je fais des vœux bien sincères pour que
l'étude mise au concours par l'Académie de Bordeaux
engage des chercheurs sérieux à entreprendre ce travail ;
ce sera une bonne action de rappeler la mémoire d'un
de ces modestes et obscurs imagiers du Moyen-Age, qui
ont écrit et peint les beaux manuscrits et missels que
nous admirons à juste titre ; pour n'en désigner qu'un de
ces derniers : le célèbre livre d'Heures de la reine Anne
de Bretagne.

SÉANCE PUBLIQUE DU 28 DÉCEMBRE 1907

SÉANCE PUBLIQUE

DU 28 DÉCEMBRE 1907

Présidence de M. DURÈGNE, vice-président.

Malgré l'inclémence du temps, les gradins de l'amphithéâtre de l'Athénée sont de bonne heure envahis par une brillante et nombreuse assistance aux premiers rangs de laquelle, parmi beaucoup de dames en élégantes toilettes, on remarque MM. Lénard, procureur général; Desbonne, président de Chambre; Paris, conseiller à la Cour; Brazier, bâtonnier de l'Ordre des avocats; les professeurs Régis, Beille; Rouhi-el-Khalidi, doyen du Corps consulaire, etc.

Son Éminence le Cardinal-Archevêque, M. le Général en chef, M. le Maire de Bordeaux se sont fait excuser. M. J. Mestrezat, adjoint aux Beaux-Arts, représentant la Municipalité, prend place au Bureau de l'Académie.

M. Durègne ouvre la séance par une allocution où, après avoir exprimé les regrets causés à tous par l'absence de **M.** le président Vassillière qu'une indisposition retient ce soir loin de la Compagnie, il adresse un souvenir ému à la mémoire de MM. Garat, Sourget, Ferrand, Micé et Cabrit, décédés dès le début de l'année qui s'achève.

« Le Secrétaire général présente le rapport d'usage sur les travaux et les événements qui remplirent l'exercice 1906.

La lecture de ce document démontre que l'activité académique ne s'est nullement ralentie au cours de cette période.

M. Maxwell prononce ensuite son discours de réception; il fait un éloge éloquent de son prédécesseur à l'Académie, **M.** de Mégret de Belligny, lequel est allé « demander à la mort le secret de la vie, dont la philosophie contemporaine poursuit la fuyante solution », et aborde, par cette élégante transition, l'étude de notre vie psychique, objet de ses persévérantes recherches. Le récipiendaire passe tour à tour en revue les phénomènes de l'hypnotisme, de la télépathie, de la télékinésie, et captive par l'intérêt de ses explications son auditoire, qui salue la péroraison de **M.** Maxwell par d'unanimes applaudissements.

M. le Président félicite dans sa réponse « le chercheur patient, le savant subtil, le très inté-

ressant abstracteur de quintessences, en rendant
à cette expression le sens hermétique défiguré
par l'ironie de Rabelais ». Il étudie avec autant
de précision que d'élévation les nombreux et
importants travaux de **M.** Maxwell et, après avoir
donné lecture des charmantes strophes adressées
par **M.** de Mégret de Belligny aux deux filles que le
regretté poète chérissait si tendrement, termine,
en souhaitant la bienvenue au récipiendaire, un
discours qu'interrompent à plusieurs reprises les
salves d'applaudissements de l'auditoire.

Le Secrétaire général procède à l'appel des
lauréats pour 1906; ils viennent, au milieu des
bravos sympathiques de l'assistance, recevoir
des mains de **M.** le Président et des membres
du Bureau les récompenses qui leur ont été
décernées.

Après quelques mots de remerciements au
public, qui vient de suivre avec une attention si
soutenue les travaux de l'Académie, **M.** le Président lève la séance à onze heures un quart.

Le Vice-Président,

E. DURÈGNE.

Le Secrétaire général,

L. DE BORDES DE FORTAGE.

DISCOURS D'OUVERTURE

Par M. DURÈGNE, vice-président.

Mesdames,
Messieurs,

Les cérémonies académiques sont réglées par un protocole dont les prescriptions ne peuvent être éludées; elles comportent en premier lieu, vos cartes d'invitation le mentionnent expressément, un discours présidentiel, et, tout au moins pour la forme, j'ai le devoir de m'incliner devant cet usage.

Je m'excuserai toutefois de ne pas donner à ce prologue l'ampleur des allocutions coutumières où les éminents orateurs qui m'ont précédé à ce fauteuil ont développé les points les plus intéressants de leurs études professionnelles; il faut d'abord et surtout en accuser les circonstances qui ne me donnent que la délégation imprévue de M. Vassillière, notre éminent président, retenu loin de cette enceinte par son état de santé.

Il sied à un vice-président d'être modeste, il reste ainsi dans son rôle; il est encore dans cette période ingrate où, réveillé d'une dangereuse torpeur, un intérim angoissant vient le rappeler à la situation et l'obliger à essayer son premier vol.

Je sollicite donc l'indulgence de cet auditoire, sachant d'ailleurs que son empressement est motivé par d'autres causes (il ne faut pas que le cadre écrase le tableau) et que, pour beaucoup, les séances les plus courtes laissent des impressions plus vives, partant un intérêt et un profit plus durables.

Avant de donner la parole à notre très distingué récipiendaire, je vous inviterai à prêter toute votre attention au rapport annuel que va vous lire notre Secrétaire général. Ce travail, aussi consciencieusement préparé que remarquablement présenté, offre un léger défaut : on dirait, à le prendre au pied de la lettre, que les membres de l'Académie ont recommandé à M. de Bordes de Fortage de leur tresser des couronnes avant d'en distribuer à nos lauréats.

Chassez, Mesdames et Messieurs, cette mauvaise pensée; malgré la palme verte qui nous sert d'insignes, nous avons tous la modestie de la violette, et, si le Rapport parle de nos travaux, c'est, paraît-il, parce qu'on accuse l'Académie d'être une sorte de maison de retraite où le « farniente » serait de règle, olympe terrestre dont la devise serait : *Otium cum dignitate.*

En réalité, l'Académie est une ruche travailleuse où nous cherchons à réunir toutes les compétences, toutes les spécialités. Notre ambition serait d'en faire le lien indissoluble et fécond de toutes les Sociétés littéraires, scientifiques ou artistiques qui appliquent le principe moderne de la division du travail dans le centre intellectuel bordelais.

C'est cet esprit qui nous inspire dans le choix de nos sujets de concours; en voici quelques-uns :

« Qu'y a-t-il de démontré et d'hypothétique dans les nouvelles idées sur la constitution de la matière? »

« Indiquer ' les conditions physiologiques et techniques d'où dépend la gravité des accidents causés par
l'électricité industrielle. »

« Exposé des progrès accomplis récemment et des
améliorations à apporter dans l'exploitation du pin
maritime et l'industrie des produits résineux. »

« Etude de l'influence, au point de vue économique
et social, de l'automobilisme sur la production et l'élevage du cheval en France. »

« Principes, progrès, état actuel de l'aviation. »

« Trusts et cartels, etc. »

A côté donc des travaux historiques, dont l'utilité
n'est pas contestable, et des productions purement
littéraires où l'imagination seule joue un rôle, trop
souvent, hélas! au détriment des idées ou de la forme,
l'Académie désire vivement encourager les initiatives
scientifiques ou économiques, si hardies soient-elles,
pourvu qu'elles soient sincères, inspirée par une évolution à laquelle elle ne saurait devoir rester étrangère,
tout en gardant la prudence de son grand âge, cinq
ans seulement la séparant de son deuxième centenaire.

Les travailleurs que nous prétendons être ont vu
malheureusement s'éclaircir leurs rangs en cette année
si constamment cruelle : cinq fois la mort nous a rappelé l'inanité de notre titre pompeux, et sans empiéter
sur les droits des panégyristes futurs, j'ai le devoir
de rendre, ce soir, à nos chers disparus l'hommage de
notre respectueux souvenir.

Le 2 janvier, nous perdions notre doyen, le vénérable
docteur Garat, ce fin poète dont les improvisations
apportaient à nos séances intimes un reflet de son
cœur toujours jeune.

Le 7 février, deux tombes se creusaient à la même heure: pour Adrien Sourget, représentant autorisé de ce grand commerce bordelais qui associe le culte de l'art à la prospérité matérielle de notre place, et pour le chanoine Ferrand, qui n'était pas seulement le diseur inimitable de nos solennités académiques, mais encore le porte-drapeau de la littérature félibréenne dans notre Compagnie.

Le 5 avril, nous conduisions à sa dernière demeure le docteur Micé, qui s'était fait une si grande et si légitime place dans l'évolution scientifique de l'Université bordelaise.

Enfin, à peine vingt jours après, alors que nous étions encore sous le charme de son discours de réception, nous était enlevé l'homme d'esprit et de cœur, l'artiste très distingué qu'était Jean Cabrit.

Mais l'Académie ne veut pas rester sous l'accablement de ses pertes; les morts que nous pleurons laissent la place à de nouvelles énergies que nous appelons à nous, guidés par les sentiments que je rappelais tout à l'heure : d'une part, affirmation d'une décentralisation nécessaire, véritable raison d'être d'une Académie régionale ; d'autre part, participation effective à l'évolution des idées et des connaissances.

A ce double titre, je suis heureux de souhaiter la bienvenue à **M. Maxwell.**

Au préalable, je donne la parole à M. le Secrétaire général pour la lecture de son rapport.

RAPPORT GÉNÉRAL

sur les

TRAVAUX DE L'ACADÉMIE DES SCIENCES, BELLES-LETTRES ET ARTS

DE BORDEAUX

POUR L'ANNÉE 1906

Par M. DE BORDES DE FORTAGE

Secrétaire général.

———

Messieurs,

C'est pour la cinquième fois déjà que votre Secrétaire général se félicite, au début de son rapport annuel, d'avoir à constater l'activité soutenue de vos travaux. Ses couleurs peuvent parfois différer, son tableau reste le même. Chaque année, les lectures qu'il résume devant vous augmentent, par leur nombre, leur importance, leur variété, le charme et l'intérêt de nos séances. La réunion des travaux de l'Académie, de 1818 à nos jours, ne constitue pas moins de soixante-sept volumes dont le dernier vient de paraître. Dans cet imposant ensemble, où se trouvent représentées à peu près toutes les connaissances humaines, les Sœurs sacrées, éternelles inspiratrices des hommes, ont une part égale. Il le sait bien cet auditoire de plus en plus nombreux que les fêtes de l'esprit ne laissent jamais indifférent, et qui, en dépit des ardeurs de juin ou des glaces de décembre, reste fidèle à nos séances solennelles. Mais je m'attarde au début d'une longue carrière :

mieux que toutes les considérations, la rapide analyse
de vos travaux en 1906 peut suffire à vous démontrer,
Messieurs, que cette féconde année fut, de tous points,
digne de vous et de ses aînées.

I. — TRAVAUX DES MEMBRES RESIDANTS

Le premier, M. MARION vous a lu quelques pages
extraites d'un volume qu'il allait publier sur le *Garde
des sceaux Lamoignon et la Réforme judiciaire de 1788*,
et qu'il intitulait : *Un épisode peu connu de la vie de
Dupaty*. L'éminent historien nous raconta la tragique
histoire de trois juifs condamnés aux galères par le
Parlement de Metz, comme coupables d'un crime qu'ils
n'avaient pas commis et pour lequel quatre de leurs
prétendus complices avaient été frappés déjà de l'expia-
tion suprême. Leur innocence ayant éclaté dix-sept ans
plus tard, alors qu'un seul survivant des trois galériens, échappé lui-même aux galères, mendiait son
pain en Allemagne, les familles de ces infortunés
confièrent au président à mortier Dupaty, déjà célèbre
par son *Mémoire pour trois hommes condamnés à la
roue*, le soin de faire réhabiliter leurs parents.
M. Marion nous a appris que le mémoire de Dupaty
n'est pas moins remarquable que celui publié par
le généreux magistrat pour les trois roués. Mais
notre savant collègue n'a pu nous dire si le nouvel
écrit du Président remporta, devant le Parlement de
Metz, le même succès qu'avait obtenu le premier dans
l'affaire des condamnés de Chaumont : Bradier, Lardoise et Simare.

Sous le titre de *Propriété des dunes de Gascogne*,
M. BRUTAILS vous a communiqué un très savant

travail sur un point de droit bien souvent agité, toujours passionnément discuté, et qu'un grand procès, encore pendant, à ce moment, mettait à l'ordre du jour. M. Brutails a suivi l'histoire de cette question au cours des âges d'après les chartes, les pièces d'archives, le droit coutumier. Sa lumineuse érudition vous a également signalé les décrets que la Révolution, le premier Empire et les divers régimes qui se sont succédé, édictèrent jusqu'à nos jours sur cette importante matière grosse de conflits, sans aplanir, d'ailleurs, les difficultés léguées par les administrateurs d'autrefois aux administrateurs d'aujourd'hui.

M. Gustave LABAT, que, depuis 1905, Paris ravit à notre affection, nous a envoyé trois mémoires. Sans nous consoler de l'absence de leur auteur, ils nous prouvèrent du moins que notre laborieux confrère est loin de nous avoir oubliés. Le premier, *Nicolas Beaujon et la chapelle du Roule*, fixe certains points obscurs ou douteux de la fastueuse existence d'un de nos concitoyens, habile financier, protecteur éclairé des arts et généreux philanthrope, sur lequel Bachaumont et tant d'autres pamphlétaires du xviiie siècle se sont aussi injustement qu'impitoyablement acharnés. M. Gustave Labat s'est plu à mettre en lumière les brillants côtés de cette sympathique physionomie tout en nous donnant des indications précieuses pour l'iconographie du personnage.

Notre érudit confrère, dans le second mémoire intitulé : *Chambord*, réunit les principaux souvenirs qui s'attachent à l'illustre et magnifique résidence royale, depuis François Ier jusqu'au dernier Bourbon de la branche aînée, Monseigneur le comte de Chambord. M. Gustave Labat ne se borne pas à décrire; artiste

délicat, savant historien, il fait encore une large part
à ses impressions personnelles.

La troisième communication de l'infatigable écrivain
porte le titre suivant : *Une visite à la Bibliothèque
nationale.* Elle est entièrement consacrée à la description détaillée de l'admirable manuscrit du xvᵉ siècle
que conserve le grand dépôt si riche en merveilles de
toutes sortes. Ce manuscrit fut enluminé par le miniaturiste, plus célèbre que connu, Pierre de Abbate (Labat
ou Labbé), l'un des artistes appelés de Bordeaux, de
Bourgogne et de Paris par Mathias Corvin. Depuis
longtemps déjà, l'Académie avait mis au programme
de ses concours une étude sur Pierre de Abbate dont
la vie est à peu près ignorée. Elle fut très heureuse
d'accueillir cette contribution, qui, visant plus spécialement le chef-d'œuvre laissé par l'habile miniaturiste
que l'artiste lui-même, apportait cependant de précieux matériaux à la notice définitive qu'il faut espérer
prochaine. Sur la proposition de M. Camille JULLIAN, la
Compagnie émit le vœu que ce précieux manuscrit,
l'une des plus anciennes productions connues de la
peinture bordelaise, fût reproduit par les soins de la
Municipalité. M. le Maire de Bordeaux, je me hâte de
le dire, a fait le meilleur accueil à vos délégués, en
déclarant toutefois que la question budgétaire pourrait
seule s'opposer à la réalisation immédiate du vœu de
l'Académie.

Aquarelles d'Espagne est le titre heureusement choisi
sous lequel M. DURÈGNE vous présenta les impressions
d'un voyage de vacances, notes rapides destinées, par
notre cher confrère, à la *Revue Philomathique.* Burgos,
Madrid et ses musées du Prado et de l'Armeria, Cordoue,
la ville des kalifes, passèrent, tour à tour, sous nos

yeux, dans tout le charme mélancolique, au déclin de l'été, des campagnes qui les environnent. Cadix la coquette, une des rares villes d'Espagne qui tiennent leurs promesses, Algésiras au nom maintenant historique, Gibraltar, les colonnes d'Hercule des anciens, Grenade, rêve d'Orient, inspirèrent à notre délicat confrère, poète qui sait décrire et artiste qui sait peindre autant qu'habile ingénieur, de fins, et toujours saisissants croquis. Par Saragosse et Pampelune nous revînmes aux premières landes françaises dont nous saluâmes, avec notre aimable guide, les pins verdoyants. Cette communication reçut l'accueil qu'elle méritait à tous les titres. Comme celle de M. Brutails, elle nous laissait pourtant le regret de ne pouvoir en enrichir nos *Actes*.

Votre Secrétaire général s'est acquitté du tribut académique avec une pièce de vers intitulée : *A Rome, vers l'an 60 de notre ère*, et *Quatre lettres inédites d'Alfred de Vigny*, précédées d'une introduction et accompagnées de courtes notes. Poème et contribution à la correspondance de l'illustre poète furent accueillis par vous, Messieurs, avec une égale indulgence.

D'une voix déjà affaiblie, M. le Dʳ Garat vous a donné la primeur de deux sonnets : *A Madame Anselme Léon, A ma femme deux fois bisaïeule*. Vos applaudissements, les derniers peut-être que l'aimable et regretté poète ait entendus, fêtèrent ces jolies pièces dont vous avez voté l'insertion au procès-verbal de la séance où elles furent prononcées.

M. Céleste, avec cette sûreté d'information sur tout ce qui se rattache au grand écrivain auquel il semble avoir voué sa vie et que vous avez tant de fois admirée, vous a fait part d'un mémoire sur le buste de Montesquieu par J.-B. Lemoyne, auteur de cette superbe statue équestre de Louis XV, laquelle s'élevait, avant la Révolution, sur la place de la Bourse, et que le groupe plus massif que voluptueux des *Trois Grâces* n'est pas parvenu à faire oublier. Notre confrère nous raconta la curieuse histoire de ce buste magnifique destiné par l'Académie à perpétuer, dans la salle de ses séances publiques, l'image du plus illustre de ses membres, et pour lequel on avait tout d'abord songé au sculpteur Pigalle. Après de longues et laborieuses négociations l'œuvre put enfin être achevée, grâce à la générosité d'un ami de Montesquieu, le prince de Beauvau, entré dans notre Compagnie en 1766. Le récit de M. Céleste, illustré de lettres toutes tirées de nos archives et signées de J.-B. Secondat, fils du Président, de Risteau, du prince de Beauvau, de Lemoyne, de Lamontagne, le dernier et savant secrétaire général de notre Compagnie, au xviii⁰ siècle, est rempli de renseignements aussi précieux pour l'iconographie de Montesquieu que pour l'histoire de l'Académie. Vous avez fait à ce beau travail les honneurs bien mérités de l'insertion dans les *Actes*, où vous serez heureux de le retrouver. Vous avez, en outre, autorisé son auteur à y joindre des reproductions du portrait de Montesquieu, gravé par Carlo Focci, d'après la toile qui orne la salle de nos séances, de la médaille de Dacier et du médaillon de Lemoyne. Ces documents iconographiques compléteront très heureusement la savante communication dont vous avez applaudi la lecture.

Sous le titre de l'*Héliaste*, M. Paul GAUTIER vous a lu une fantaisie aristophanesque en vers, dont la scène se passe sur l'Agora d'Athènes, vers l'an 345 avant J.-C.

Cette spirituelle production, très littéraire et très érudite à la fois, représentée dans les salons du bâtonnier de notre Barreau, où elle fut fort bien accueillie, retrouva le même succès à l'Académie; seuls les scrupules délicats de l'auteur en ont empêché la publication dans l'un des prochains volumes de nos *Actes*.

M. Baillet continue à nous initier à ses belles et patientes recherches professionnelles. Sous le titre suivant : *La peste bovine et l'Académie*, notre savant confrère nous communiqua un important travail où sont passées en revue les grandes épizooties qui, depuis 1775, causèrent à l'agriculture régionale, et par suite à l'Etat lui-même, des pertes considérables. M. Baillet étudia les progrès qui permirent d'enrayer ces redoutables maladies dans leur marche désastreuse. Il rappela les travaux que l'Académie de Bordeaux — s'occupant toujours des sujets les plus intéressants comme les plus utiles — consacra à cette importante question, notamment au cours du xviii° siècle.

Avec la sûreté de jugement et la science approfondie du praticien, M. Baillet analysa quelques-uns de ces travaux et, en particulier, la très intéressante dissertation lue à l'Académie, en 1755, par Jean-Baptiste Secondat, fils de Montesquieu, laquelle porte pour titre : *Mémoire sur la maladie pestilentielle des bœufs*, et pour épigraphe : *Omnis homo miles*. L'attachante communication de M. Baillet obtint l'accueil le plus favorable, et la promesse de nouvelles lectures sur le même sujet par laquelle elle se termine, fut couverte de chaleureux applaudissements.

M. Clavel vous a annoncé qu'il venait de découvrir plusieurs importants mémoires de l'ingénieur Deschamps, tous relatifs à la construction des ponts de

Bordeaux et de Saint-André-de-Cubzac. Notre éminent confrère ajoutait qu'il espérait faire connaître ces précieux documents à l'Académie dans un avenir prochain. Je veux joindre ici mes vœux à ceux que vous avez exprimés, Messieurs, pour que cette nouvelle communication, utile supplément à l'intéressante étude déjà consacrée, en séance publique, par M. Clavel, au célèbre constructeur du pont qui fait encore la gloire de notre port, ne se fasse pas attendre trop longtemps, au gré de tous ceux qui ont entendu la première.

Enfin, Messieurs, indépendamment des travaux que je viens d'analyser trop courtement, pour leur intérêt et leur importance, travaux que leurs auteurs ont déposés à titre d'hommage sur votre bureau, M. DE LOYNES vous a offert un exemplaire du savant traité qu'il a publié en trois volumes, dans le courant de l'année, sous le titre suivant : *Du nantissement des privilèges et hypothèques et de l'expropriation forcée.* Cette nouvelle édition, la troisième depuis 1895, date de la première, proclame bien haut l'utilité et l'autorité de l'œuvre magistrale due à notre éminent confrère.

Vous avez encore adressé des remerciements à MM. BAILLET, MARION, CÉLESTE et COURTEAULT pour le don fait par eux à la bibliothèque de l'Académie des ouvrages suivants qu'ils venaient de publier : *Races de travail; Le garde des sceaux Lamoignon et la Réforme judiciaire de 1788; Les Piliers de Tutelle; Les origines du lycée de Bordeaux.* Vous avez, en outre, félicité MM. DE NABIAS et G. SARREAU pour les succès qu'ils ont obtenus : le premier, avec le très beau discours prononcé à l'occasion du cinquantenaire de la Société des Sciences physiques et naturelles, et dans lequel, en des termes qui sont allés au cœur de tous les membres de l'Académie, il glorifia la mémoire de Millardet; le second, pour les victoires remportées sur la scène de notre Grand-Théâtre où la musique d'un de ses ballets et sa *Cité maudite* ont été l'objet d'un accueil triomphal.

Presque tous ces travaux, les discours de réception de nos nouveaux confrères ainsi que les réponses du Président de la Compagnie se retrouveront dans nos *Actes* où ils sont, tour à tour, pieusement recueillis. Mais les rapports de nos Commissions conservés seulement dans nos archives, me font regretter, une fois de plus, Messieurs, **que tant de trésors de solide érudition et de beau langage** y soient perdus pour tout le monde, pour l'Académie elle-même, et demander s'il ne serait pas possible de réserver, à l'avenir, au moins pour quelques-uns d'entre eux, une place dans la série de nos *Actes*.

Vous inspirant d'une motion de M. Roy de Clotte et d'après l'avis du Conseil, vous avez nommé **M. le premier Président de la Cour d'appel et M. le Recteur de l'Université membres honoraires** à côté de M. le Préfet de la Gironde et de M. le Maire de Bordeaux. Votre décision n'entraînait d'ailleurs aucune modification aux statuts de la Compagnie, laquelle, selon les articles 1 et 59 de son règlement, reste toujours maîtresse d'étendre à son gré le cadre de ses membres honoraires. Je n'ai pas à revenir sur les hautes considérations qui déterminèrent votre vote, mais je ne puis passer sous silence les lettres aimables par lesquelles MM. Birot-Breuilh et Thamin vous adressèrent leur acceptation et leurs remerciements.

Dans la séance du 15 mars, vous réélisiez, pour une

nouvelle période de trois ans, votre Secrétaire général arrivé au terme de son mandat. Il est heureux de pouvoir aujourd'hui répéter à ses chers confrères, pour ce nouveau témoignage de bienveillance, les remerciements qu'il leur a déjà exprimés.

Vous avez tenu votre séance publique annuelle le jeudi 27 décembre. Elle fut ouverte par M. le président DE LOYNES. Dans un discours humoristique et de forme très littéraire, l'éminent légiste, après avoir rendu avec autant de compétence que d'élévation un magnifique hommage à notre Code civil, aborda quelques-uns des problèmes que soulèvent si bruyamment, de nos jours, les théories et les revendications féministes. Les applaudissements qu'excita cette remarquable introduction éclataient encore de toutes parts, quand votre Secrétaire général se leva pour vous exposer les travaux et les événements qui remplirent l'année 1905.

Après lui, M. CABRIT prononça son discours de réception. Le sympathique et magistral éloge que fit le récipiendaire avec la compétence du technicien, l'émotion de l'artiste et de l'ami du grand paysagiste bordelais Auguin, évoqua, tour à tour, l'homme intime, le croyant, le poète, le maître qui, suivant l'heureuse formule de M. Cabrit, *peignit les paupières demi-closes et le cœur largement ouvert.* Quelques passages choisis avec goût dans les lettres de l'artiste à sa jeune femme, établirent qu'Auguin, ainsi que son ami l'illustre Eugène Fromentin, maniait avec la même maîtrise la plume et le pinceau et soulevèrent une véritable émotion dans l'au-ditoire. M. Cabrit continua son beau discours par une étude sur l'école paysagiste bordelaise; il le termina par un hommage ému et magnifique à cette glorieuse

Journée d'été à la Grande Côte, considérée à la fois comme la synthèse de notre golfe de Gascogne et l'un des chefs-d'œuvre de notre Musée. Cette péroraison fut saluée par des applaudissements sans fin.

Dans sa réponse, M. de Loynes retraça avec charme et précision la carrière de l'artiste délicat et sincère, du cher confrère que l'aile de la mort effleurait déjà dans son triomphe. Il se montra paysagiste à son tour en décrivant les sites inspirateurs que le pinceau de M. Cabrit aimait à fixer sur la toile. Il loua l'administrateur éclairé qui, par d'habiles remaniements et d'heureuses initiatives, sut transformer les galeries de notre Musée. M. le Président cita les tableaux de M. Cabrit récompensés aux Salons de Paris ou achetés par l'Etat et qui, tous, assurent à leur auteur une place enviable dans l'art contemporain. « Peintre, ajouta-t-il en terminant, vous avez parlé en poète; vous serez, parmi nous, le digne successeur du maître regretté dont vous venez d'évoquer la belle figure avec autant de fidélité que de bonheur. »

M. Durègne termina cette belle séance par *Une Académie à Barèges en 1788*, spirituelle et humoristique communication au cours de laquelle le savant, le lettré, le pyrénéiste, charmèrent tour à tour un auditoire qui ne se lassait pas d'applaudir.

Vous avez, Messieurs, en 1906, comblé quelques-unes des vacances que la mort inexorable ne cesse de faire dans nos rangs. Dans les séances des 21 juin et 26 juillet, vous appeliez, à l'unanimité de vos suffrages, MM. Courteault et Maxwell à l'honneur d'occuper, à votre foyer, les fauteuils du marquis de Castelnau d'Essenault et de Mégret de Belligny. Le premier de nos nouveaux collègues, humaniste de haute valeur dont nous venons d'applaudir avec bonheur les brillants succès, est, depuis bien des années déjà, secrétaire général de la Société des Archives historiques de la Gironde, où il a publié le bel *Album des vues de Bordeaux sous Louis XIII*, dont je vous parlais l'année dernière. Historien des origines de notre lycée, nos chroniques, nos archives locales et régionales n'ont déjà plus de secrets pour lui. Il s'est spécialement voué à restituer au personnage, au texte même des célèbres mémoires de Monluc leur véritable physionomie. Nous lui devrons bientôt la première édition vraiment critique de notre grand écrivain militaire du xvi⁰ siècle. Le second, magistrat hautement apprécié, renoue, parmi nous, la tradition parlementaire à peu près interrompue depuis la mort de Vaucher et de Brives-Cazes. Docteur en droit et en médecine, c'est, à la fois, un psychologue, un physiologiste éminent que ses études sur la métapsychique ont encore entraîné vers ces Sciences occultes qui n'ont jamais cessé de passionner les hommes toujours si épris du mystère de l'au delà. Il nous rappellera ce président alchimiste d'Espagnet, auteur de livres curieux publiés aux premières années du xvii⁰ siècle, originale figure esquissée déjà dans une autre enceinte par notre nouveau confrère, avec un retentissant succès.

Je ne m'attarderai pas, Messieurs, à l'éloge de MM. Courteault et Maxwell; leurs travaux, leurs services sont tenus par tous en haute estime. Les discours qu'ils prononcèrent en prenant séance nous faisaient attendre impatiemment le moment où ils pourraient nous parler à loisir des mérites et des œuvres de leurs regrettés prédécesseurs; ce moment est enfin arrivé

pour l'un d'eux, et je suis le premier à regretter que
les devoirs de ma charge me forcent à le retarder
encore.

Les vides restent, hélas! trop nombreux parmi nous.
Des choix aussi heureux faits dans cette grande cité
de Bordeaux où les sciences, les lettres et les arts
comptent toujours des amis fervents, permettront bientôt, je l'espère, à notre Compagnie de réparer tant de
pertes cruelles.

Des voix autorisées ont dit toute l'étendue de celle
que nous avons encore faite en 1906 en la personne
de notre éminent confrère et concitoyen Georges Rayet.
Je ne me hasarderai point à vous parler, Messieurs, de
cette admirable et féconde carrière, après le magistral
et si complet exposé que M. de Loynes en a fait sur
la tombe même de Georges Rayet. Je me bornerai,
désespérant de dire aussi bien, à remettre sous vos
yeux quelques mots du discours que saluèrent vos
applaudissements unanimes, quand, fidèle aux traditions de l'Académie, M. de Loynes le lut devant vous,
dans la séance qui suivit la funèbre cérémonie. Parlant
avec autant de vérité que d'élévation des liens qui rattachaient plus spécialement Rayet à notre Compagnie,
notre Président ajoutait : « Sa place y était en quelque
sorte marquée d'avance; car, indépendamment des titres
nombreux qui lui avaient acquis une haute situation
dans la Science, il avait une qualité qui le recommandait
plus particulièrement aux suffrages de l'Académie, il
était directeur de l'Observatoire : il était ainsi le chef
d'un établissement dont nos prédécesseurs s'étaient,
dès la première heure, proposé la création. Ils avaient,
en effet, compris l'importance qu'un observatoire pré-

sentait pour la navigation maritime. Au jour même de son institution, notre Compagnie comptait au nombre de ses fondateurs le R. P. Faux, religieux de la Merci. Plus tard, nous voyons figurer sur la liste de ses membres le R. P. Jean Bonin, de la Compagnie de Jésus, et, en 1769, par un exemple de tolérance bien rare à cette époque, le protestant Jean Larroque, inspecteur de la jauge des bâtiments de mer. Tous s'étaient voués à des observations astronomiques et météorologiques. »

M. de Loynes rappela encore qu'en vue de faciliter ces recherches, l'Académie avait fait élever, dans l'hôtel que lui avait légué J.-J. Bel, une tour terminée par une terrasse, établissement que les ressources de la Compagnie ne lui permirent pas de doter des instruments nécessaires. Il poursuivit dans le savant l'étude de l'homme dont la plus sublime des sciences avait porté le cœur et l'intelligence à un rare degré d'élévation; du philosophe qui, loin du bruit et des agitations de la ville, observait avec amour les phénomènes célestes. Il rendit à la sincérité des convictions de Rayet, à la générosité de ses sentiments, à sa large tolérance un hommage auquel s'associeront pleinement tous ceux qui ont connu notre cher et regretté confrère. J'ajouterai, Messieurs, que Rayet aimait beaucoup l'Académie où, depuis plusieurs années, sa santé ne lui permettait, à son grand regret, que de trop rares apparitions; qu'il était resté un rapporteur fidèle; qu'il tenait surtout à vous faire part de ses travaux s'il ne pouvait écouter les vôtres, et qu'en 1897 il favorisait encore nos *Actes* d'une importante et très complète histoire de notre Faculté des sciences, où sont énumérés avec la méthode, la clarté, la conscience qui distinguent toutes les productions de notre regretté confrère, les mérites et les travaux des savants professeurs qui s'y succédèrent dès l'origine. La dernière publication de Rayet devait être cette belle étude sur Lespiault, son prédécesseur à la Faculté comme à l'Académie, publication que je mentionnais il y a deux ans à cette place. Fraternellement unis sur le titre de cette œuvre touchante, les noms de Lespiault et de Rayet demeureront désormais inséparables dans le souvenir de notre Compagnie.

II. — MEMBRES CORRESPONDANTS

Un nouveau vide s'est fait dans les rangs déjà fort éclaircis de nos correspondants. M. le vicomte DE BORRELLI, qui nous appartenait à ce titre depuis 1891, mourait, dans son hôtel de Versailles, en mai 1906. Bien que les hasards de son existence héroïque ne le ramenassent que trop rarement parmi nous, le vaillant soldat, le poète vraiment inspiré n'oublia jamais ni la Gironde où il était né, ni l'Académie qui applaudissait avec bonheur et fierté aux succès poétiques de son correspondant. M. de Borrelli aurait pu s'approprier, en effet, sauf une légère variante, la devise d'un illustre maréchal de France, au siècle dernier : *Ense et calamo.* Sa vocation poétique s'était éveillée assez tard. Pourtant, il ne laisse pas moins de cinq recueils de vers qui s'imposeront à la mémoire, toujours si courte, des hommes. L'Académie française couronna quelques-uns des poèmes qu'ils renferment, tandis qu'une pièce de M. de Borrelli, en un acte et en vers, *Alain Chartier*, était représentée, avec le plus vif succès, à la Comédie-Française. De toutes ces productions, aussi brillamment accueillies à la scène que sous la Coupole, M. de Borrelli faisait, dès leur apparition, fidèlement hommage à notre

Compagnie. Quelque temps après la mort du poète, Mme la vicomtesse de Borrelli apprenait à M. le président de Loynes que notre regretté confrère nous léguait encore une collection de ses œuvres. Ces volumes, en grand papier et magnifiquement recouverts par Mercier de maroquin janséniste, l'Académie peut les admirer aujourd'hui, Mme la vicomtesse de Borrelli qui devait, sa vie durant, en conserver le précieux dépôt, ayant eu la délicate pensée de s'en dépouiller en y ajoutant elle-même deux des manuscrits de son mari : *In memoriam*, et *Kasiwadé*, conte japonais. Vous avez, Messieurs, donné une place d'honneur, dans votre bibliothèque, à ces nobles livres, parés de toutes les séductions de la typographie et de l'art délicat du relieur. Votre président et votre Secrétaire général, chargés spécialement par vous d'adresser à Mme de Borrelli l'expression de votre respectueuse gratitude, se sont acquittés de ce devoir par une lettre insérée au procès-verbal du 21 novembre.

Sur la proposition de votre Secrétaire général, vous avez aussi, Messieurs, voté l'insertion dans les *Actes* du mémoire intitulé : *Rosa Bonheur*, lequel obtint, au concours de 1904, le prix d'éloquence, fondé par la ville de Bordeaux. L'auteur, M. Paul Bonnefon, bibliothécaire à l'Arsenal, est, comme vous le savez, un de nos membres correspondants.

III. — CONCOURS DE 1906

Ce concours, dont je dois vous parler en terminant, me paraît inférieur à ceux des années précédentes. Si le nombre des concurrents est, à peu de chose près, le même, les envois intéressants sont plus rares, et pour quelques-uns de ceux que de sérieux mérites vous ont fait distinguer, d'importantes réserves sont nécessaires. L'ensemble reste néanmoins satisfaisant : vous avez attribué, Messieurs, le prix triennal des livres de la fondation Cardoze à M. JUGLA, directeur d'école à Pauillac, que les notes de ses supérieurs désignaient, parmi d'autres candidats, à vos suffrages. Vous·avez, en outre, décerné trois médailles d'or, deux rappels de médaille d'or, cinq médailles d'argent, un rappel de médaille d'argent, une médaille de bronze, une mention très honorable, trois mentions honorables. L'analyse des divers ouvrages qui ont mérité ces récompenses, ne retiendra pas longtemps votre attention.

M. le Dr J. BARRAUD vous a envoyé un volume intitulé : *Promenades d'un médecin à travers l'histoire.*

Cet ouvrage d'un homme jeune, intelligent et qui possède le goût et le don de la recherche, présente, à côté de quelques faiblesses, un ensemble de notions curieuses et des pages joliment tournées. Vous avez récompensé ces mérites très appréciables dans un livre de début, par une médaille d'argent.

Par contre, un manuscrit en latin, relatif au Monténégro, de M. le Dr Paul-Milan JOVANOVIC, vous a semblé vraiment trop en dehors du cercle de vos programmes, et vous l'avez écarté du concours d'histoire.

Avec regret, et pour un autre motif, vous avez également écarté de ce concours une *Histoire d'Habas*, d'un de nos plus anciens lauréats, ouvrage rempli d'excellentes choses, mais malheureusement écrit sur un ton de polémique qui ne vous a pas paru à sa place dans un livre de pure érudition.

En réponse à une question mise au concours, M. VÈZES, professeur à la Faculté des sciences, vous a adressé un mémoire intitulé : *Exposé des progrès accomplis récemment et des améliorations à apporter dans l'exploitation du pin maritime et l'industrie des produits résineux.* Vous avez attribué une médaille d'or à ce beau travail qui résume, avec autant de clarté que de précision, l'ensemble des recherches entreprises à notre Faculté par l'éminent professeur sur l'industrie des résines, industrie si importante que sa production s'élève à 100,000 tonnes pour les seules landes de Gascogne.

Le concours de géographie et d'économie politique est fort intéressant en 1906. Vous avez attribué, Messieurs, une médaille d'argent à M. Maurice MARTIN, auteur d'un volume luxueusement édité, illustré de nombreuses gravures d'après des photographies prises au cours d'excursions dans une région méconnue il y a quelques années à peine, et que ses lacs, ses dunes, ses forêts, ses magnifiques horizons font en réalité si belle, si attrayante à parcourir. Dans cet ouvrage, intitulé *la Côte d'Argent*, M. Maurice Martin, avec un enthousiasme débordant, dépeint, j'allais dire chante le pays qui s'étend entre Arcachon et Biarritz. Le lyrisme de l'auteur n'enlève rien à la fidélité de ses descriptions. M. Maurice Martin a su mener à bien un travail aussi agréable qu'utile, très digne, à tous égards, de la récompense que vous lui avez accordée.

Les travaux de M. NICOLAÏ, professeur du cours d'économie politique fondé par la Chambre de commerce, traitent des questions pour la plupart à l'ordre du jour et qui n'intéressent pas seulement notre région et notre ville, mais encore le pays tout entier. Ils sont le fruit de recherches longues et patientes. Parmi les plus récents : *Le Repos hebdomadaire, Centenaire de Richard Cobden, Au bon vieux temps*, vous ont paru plus spécialement dignes d'être distingués, et vous avez décerné à leur auteur une médaille d'argent.

Pour être de moindre importance, *Les Œuvres postscolaires* de M. Godefroy RATTON, recueil formé d'articles insérés dans le journal *L'Avenir de la Mutualité*, sont pourtant très dignes d'intérêt tant par les questions qu'elles abordent que par la manière dont ces questions sont traitées. Les conférences, les œuvres de jeunes filles, la vie aux champs, l'apprentissage, les bibliothèques populaires y sont tour à tour étudiés au point de vue des profits qu'en peuvent tirer les jeunes gens sortis des écoles primaires. Estimant qu'un tel travail méritait encouragement et récompense, vous avez décerné à M. Ratton une médaille de bronze.

Cure marine de la tuberculose pulmonaire est le titre du livre que MM. les Drs Louis et Paul MURAT (de Marseille) ont soumis à votre examen. D'après le savant rapporteur de votre Commission de Médecine, ce travail résume de persévérantes et consciencieuses études et représente un long effort. Les auteurs ne se bornent pas à insister sur la cure marine de la phtisie, qu'Hippocrate considérait déjà comme la plus répandue, la plus rebelle, la plus meurtrière des maladies, ils étudient, en outre, les bienfaits de la mer dans beaucoup d'autres affections et appuient leurs arguments de faits personnels et d'observations inédites. Une étude tout à fait neuve des divers types de navires considérés surtout au point de vue de la cure, termine ce bel ouvrage, que vous avez jugé digne d'une médaille d'argent.

C'est aussi une médaille d'argent qu'obtient Mme Paula
BARILLON-BAUCHÉ, auteur d'une *Méthode pour apprendre à enseigner le piano*, méthode qui a déjà fait
ses preuves.

Un des plus fidèles habitués de vos concours, M. l'abbé
DAUGÉ, curé de Beylongue (Landes), vous a adréssé, sous
le titre de *Collection du général Lamarque à Saint-
Sever-Adour*, le catalogue d'une réunion de médailles
sur l'origine de laquelle il n'existe plus de notions très
précises, car il semble qu'il s'y est produit par échanges
ou partages des modifications successives. Vous avez
accordé à ce travail intéressant, malgré les erreurs qui
le déparent, une mention honorable.

M. l'abbé LÉGLISE, un autre de vos anciens lauréats,
vous a présenté une traduction française des œuvres de
saint Ennodius. M. l'abbé Léglise s'est vaillamment
attaqué à l'œuvre la plus difficile peut-être de la langue
latine. Sa traduction élégante et fidèle à la fois a été
fort bien accueillie; l'érudition allemande, en particulier, lui a fait un succès considérable. L'introduction
qui précède ce bel ouvrage dénote une connaissance
approfondie de la littérature du vi^e siècle; de l'avis d'un
excellent juge, elle place son auteur au premier rang
des historiens des lettres latines. Vous avez été heureux
de décerner à cette belle œuvre la plus haute des récompenses dont vous disposez.

Voici la moisson des poètes! Elle est fort abondante,
comme tous les ans; mais que d'herbes folles pour
quelques bons épis! Quand donc la foule grandissante de
nos versificateurs voudra-t-elle comprendre qu'il est in-

dispensable de penser avant d'écrire? Quand donc les meilleurs, les mieux doués des habitués de nos concours de poésie pourront-ils eux-mêmes se persuader qu'en toute composition poétique, il est excellent d'avoir pour soi la prosodie, et que l'art patient de faire difficilement des vers faciles est bien préférable à la folle précipitation qui accumule si facilement hélas! les vers difficiles? Sous ces réserves plus nécessaires que jamais, je me hâte de dire, Messieurs, que le concours de littérature et de poésie de 1906 offre à son tour quelques belles œuvres très dignes des récompenses que vous leur avez attribuées.

Un de vos lauréats des années précédentes, M. Pierre Ardouin, obtient aujourd'hui une médaille d'or avec un volume de vers intitulé : *Au pays de Saintonge*. Le poète y a réuni des pièces de rythmes divers et d'inégale importance, mais que relie entre elles une même inspiration. Toutes sont, en effet, consacrées à la vie rustique. Ce qui manque surtout aux vers de M. Pierre Ardouin, c'est le relief de la facture et l'éclat de l'image. Mais la facilité du tour, l'élévation des sentiments du poète, son amour de la terre natale et de ses horizons familiers attachent le lecteur, et la sincérité de l'émotion communique à certaines pièces du recueil un charme véritable. Vous avez pensé, Messieurs, que ces vers aimables, parés, d'ailleurs, de tout le charme d'une langue, d'une prosodie impeccables, méritaient votre distinction la plus haute.

Des rappels de médaille d'or sont encore obtenus par deux de vos lauréats de l'année dernière : MM. Paul Rabot et Henry-René Lafon. M. Paul Rabot vous a envoyé deux pièces manuscrites; l'une d'elles, *La Fêlure*, deux actes en vers, marque, comme les productions antérieures de l'auteur, un dédain voulu des règles qui assurent aux œuvres poétiques le charme de la grâce et de l'harmonie. Elle dénote, cependant, un réel tempérament dramatique et contient, avec plusieurs scènes bien venues, de belles tirades qui témoignent de ce que l'auteur pourrait faire s'il voulait s'astreindre à plus de soin et de travail, tout en respectant la tradition musicale du vers. Vous avez retrouvé dans *Mosaïque*, recueil manuscrit de M. Henry-René Lafon, les défauts comme les mérites que vous constatiez dans son précédent envoi : mièvrerie et préciosité dans le fond comme dans la forme, vers où trop souvent les règles les plus élémentaires de la prosodie sont de parti pris violées, mais aussi remarquable habileté de facture, heureuses trouvailles d'expression, tableaux suggestifs, ensemble de qualités où se révèle le poète vraiment doué, l'artiste qui sait voir et décrire. Des réserves trop justifiées vous ont d'ailleurs fait écarter les pièces suivantes : *Sonnet acrostiche*, *Vachère*, *Corrida*, *Snob*, *Babillage*, auxquelles ne s'applique en rien la récompense accordée au reste du recueil.

La Voix des Cigales, de M. Jean DE LA ROCCA, présente, elle aussi, les mêmes défauts, les mêmes qualités que les précédents envois du jeune poète; la pensée manque d'originalité comme l'expression de vigueur. Mais M. Jean de La Rocca est encore un artiste; ses vers se distinguent par des qualités très appréciables de grâce et d'harmonie, et ces mérites ont valu à son recueil un rappel de médaille d'argent.

Enfin M. René LAPORTE (de Marseille) obtient une mention très honorable avec un volume de vers intitulé : *Un cent d'Algéroises*, tandis que des mentions honorables sont attribuées à M. GUÉRIN aîné pour son poème dramatique : *le Retour d'Oreste*, et à **M.** **Ḥermann** Derose, auteur d'un recueil manuscrit de *Nouvelles en prose*. Le manque de temps m'interdit de m'arrêter à ces ouvrages encore dignes d'estime.

Tels se présentent à vous, Messieurs, les travaux de l'Académie en 1906. Le long rapport que j'ai dû leur consacrer vous permettra, je l'espère, de constater, une fois de plus, le succès de vos efforts pour la propagation des sciences, des lettres et des arts dans notre région. Bientôt, de nouveaux confrères réparant les deuils cruels qui vous ont frappés dans ces derniers temps, avec un redoublement de rigueur, et, comme vous, épris de science pure ou d'idéale beauté, viendront, à leur tour, seconder l'ardeur que vous apportez à votre tâche, et continuer, au milieu des ruines qui s'amoncellent de toutes parts, des traditions glorieuses, tout à l'heure deux fois séculaires et que la mort même ne parvient pas à interrompre.

DISCOURS DE RÉCEPTION

DE M. MAXWELL

Messieurs,

Mes premiers mots doivent être l'expression de ma
gratitude pour le choix trop bienveillant dont vous
m'avez honoré; cependant, vous me donnez une mission
au-dessus de mes forces en m'appelant à succéder au
poète délicat qui demeure vivant dans nos souvenirs.

M. de Mégret était né dans les Antilles, îles charmantes, notre commune patrie; la sienne est aujour-
d'hui libre et prospère; la mienne, détruite avec toute
sa population, a disparu pour toujours. Les cendres
meurtrières qui forment son linceul, se cachent désormais sous la verte invasion des plantes, et une vie nouvelle y fleurit au-dessus des ruines et de la mort.

Partout, dans notre univers limité, nous rencontrons
ce contraste entre la vie et la mort; mais il est plus
frappant aux Antilles, à cause de la rapidité avec
laquelle les changements y surviennent. Il émeut le
sentiment avec plus de vivacité, et il est naturel de
trouver chez les créoles une sensibilité particulière à
la poésie de la nature, quoique peu sachent l'exprimer
dans la cadence rythmée des vers. M. de Mégret possé-

dait ce don précieux, et c'est comme à un poète que l'Académie lui a ouvert ses portes en 1865.

Elle accueillait à la fois le commerce et les lettres, car mon prédécesseur se délassait des soucis de l'armement dans le paisible labeur de la composition dramatique; son œuvre émouvante, *Une Conspiration sous Louis XIII* nous retrace l'histoire de la mort du comte de Chalais. M. de Mégret nous peint un Richelieu impitoyable, dont les cruautés ont une justification : il veut que son pays soit uni, puissant et redouté :

> ..... La France, pour grandir,
> De vos divisions doit d'abord s'affranchir.

Et c'est pour la grandeur de la France qu'il fait tomber la tête turbulente des nobles les plus illustres; la jeunesse, l'amour, la beauté ne peuvent émouvoir son patriotisme résolu et son dévouement à la monarchie. Le poète a su nous intéresser aux malheurs de Chalais et de la duchesse de Chevreuse, sans nous rendre odieuse la terrible figure du grand cardinal.

L'amour de la patrie! C'est un sentiment qui avait une grande force dans l'âme élevée de M. de Mégret. Il l'a exprimé avec une impressionnante vigueur dans un drame qui a mérité les suffrages du public : *Kosciusko*, représenté sur le Théâtre-Français de Bordeaux le 2 avril 1868. L'insurrection de la Pologne en 1794 forme le sujet de la pièce; M. de Mégret y flagelle l'égoïsme du roi et l'ambition sans scrupule de ses courtisans; il exalte l'héroïsme du soldat infortuné de l'Indépendance.

Deux ans après la première représentation de ce drame, notre patrie recevait la blessure dont elle saigne encore. Une génération nous sépare à peine de l'année qui nous a coûté tant de larmes et tant de sang, et déjà quelques-uns oublient ces douleurs toujours présentes; il se trouve des Français pour renier leur patrie! La plaie de notre pays ne s'est-elle pas fermée? La gangrène infecte-t-elle ses lèvres encore béantes?

Les beaux vers de M. de Mégret nous consolent aujourd'hui comme ils ont autrefois consolé le poète attristé qui abandonnait, après nos défaites, la charge des affaires; il avait brillamment marqué son passage dans le monde commercial en inaugurant à Bordeaux un service qui concurrençait le *Bureau Veritas* ; il avait été juge consulaire, il avait reçu les témoignages les plus flatteurs de l'estime de ses concitoyens. Il se retira dans sa vieille demeure de Talence, entourée de champs et de bois, ces amis silencieux des fécondes retraites; là, il écrivit encore quelques pièces de théâtre. *La Reine des Vaudoux* d'abord, qu'il reproduisit en livret d'opéra. Ces deux œuvres retracent un épisode de l'insurrection cubaine; M. de Mégret y met en scène le conquérant espagnol, hautain et dur, il l'oppose au Cubain patriote; des femmes, des créoles ardentes, y luttent de passion et de dévouement.

Plus tard, mon éminent prédécesseur composa une amusante comédie, *Dodoche*, qui nous fait assister à la poursuite d'un chien trop aimé. On le retrouve à la fin, mais hélas! il est empaillé. Les amoureux, dont les vicissitudes du sort de Dodoche ont entravé l'inclination, s'épousent heureusement.

En collaboration avec M. Loquin, M. de Mégret a mis sur la scène, dans la *Sorcière d'Espelette*, l'histoire lamentable des procès de sorcellerie du Labourd; plus de quatre cents malades furent exécutés comme des criminels; presque tous avouaient leurs forfaits imaginaires; nous comprenons maintenant la cause de l'erreur commune des juges et des condamnés.

M. de Mégret avait une prédilection pour Cuba où il était né; il a raconté, sous le titre de *Cuba en 1511*, la conquête de cette île par les Espagnols; il annonce son livre comme une traduction du créole, mais je soupçonne le poète d'avoir été auteur et traducteur.

Dans la retraite paisible où il vivait, notre ancien président recevait la fréquente visite des muses qui lui dictaient des vers harmonieux; nos recueils contiennent de nombreuses pièces fugitives écrites par lui; son *Epître à l'Académie* a été composée peu de temps avant sa mort; l'année dernière, notre cher secrétaire général vous en parlait avec émotion.

Hélas! Messieurs, nulle retraite ne nous met à l'abri du destin. La mort sait trouver ses victimes quand l'heure de sa visite a sonné. Cette heure fut tardive pour la calme vieillesse de M. de Mégret, mais elle fut prématurée pour l'une de ses filles, douce et charmante créature, qu'une maladie inopinée enleva brusquement à l'affection des siens; le père désolé survécut peu à son enfant, il alla bientôt la rejoindre et demander à la mort le secret de la vie. Problème troublant, qui nous préoccupe davantage, à mesure que l'âge alourdit nos membres et nous annonce que le moment du repos approche.

La philosophie humaine en cherche, depuis sa lointaine origine, la fuyante solution; la psychologie, l'étude de notre vie psychique, a jusqu'ici vainement tenté d'y parvenir ; toutefois, dans ces dernières années, elle semble avoir trouvé de nouvelles méthodes, qui seront peut-être fécondes en résultats.

J'imagine que vous m'excuserez d'en parler ici; vous

m'avez fait l'honneur de m'accueillir dans vos rangs, moins pour la faible valeur de mes travaux, j'en suis persuadé, que pour leur singularité. Je ne puis songer sérieusement à vous soupçonner de m'avoir admis pour représenter parmi vous la magistrature ou la médecine. Je connais le droit comme un médecin, la médecine comme un magistrat. Que de collègues éminents, que de confrères renommés eussent dû me précéder!

Si vous avez trouvé quelque intérêt à mes travaux, c'est à mes publications sur les sciences psychiques que sans doute je le dois. Les écrivains en pareille matière sont si peu nombreux qu'il est aisé de paraître avoir du mérite; mais je m'en rends bien compte, c'est un mérite relatif, fait du petit nombre des concurrents plutôt que de la valeur de l'élu.

Je dois donc vous remercier de l'honneur que vous faites aux sciences psychiques; elles rencontrent encore tant d'accueils réservés dans les Académies, qu'elles sont pardonnables d'être touchées de votre bienvenue; elles vous sont reconnaissantes d'avoir discerné leur avenir. Permettez-moi donc d'indiquer les services qu'elles peuvent rendre; j'aborderai des questions difficiles à clairement exposer, mais l'auditoire d'élite auquel je m'adresse me comprendra, quelle que soit mon insuffisance.

Les phénomènes naturels, dont l'étude forme la matière des sciences psychiques, sont connus depuis longtemps, mais ils ont été rebelles à la discipline sans laquelle la science n'existe pas. Ils ont eu la destinée de la plupart des faits qu'observe l'humanité; les hommes ont tenu pour surnaturelles les choses qu'ils ne pouvaient pas expliquer. C'est lentement qu'ils ont substitué à la crainte d'une volonté capricieuse des dieux, la notion de lois gouvernant la nature. Les conquêtes de la science se sont faites aux dépens du merveilleux. Cette évolution a été plus rapide pour certaines sciences et pour certaines races; nous devons paraître de redoutables magiciens aux sauvages de l'Afrique. Leur science est incapable de comprendre nos chemins de fer, nos paquebots, nos armes, de même que nous sommes encore impuissants à comprendre l'univers et nous-mêmes.

C'est dans la connaissance de nous-mêmes pourtant, que les premiers services des sciences psychiques ont été appréciés; l'hypnotisme, évolué du magnétisme animal et de la magie, nous a permis de pénétrer profondément dans la conscience humaine et nous a donné les moyens d'expérimenter, là où l'observation était encore seule possible. La personnalité, la conscience, la mémoire ont été analysées, au moins dans leurs manifestations les plus simples. Notre collègue illustre, le Professeur Azam, a été l'initiateur de ces recherches.

On rencontre dans les cliniques des cas pathologiques dans lesquels la mémoire, la conscience, la personnalité sont altérées d'une manière grave; la manifestation ordinaire de ces troubles psychiques est l'amnésie; ses formes sont variables, mais elles ont toutes un caractère commun qui révèle la nature artificielle de la personnalité, du **Moi.**

Ce Moi, cette unité irréductible, ce sujet permanent sur la réalité fondamentale duquel se sont édifiés des systèmes philosophiques, semble n'être qu'une apparence, qu'une notion relative, évoluée comme toute chose; il paraît n'être qu'une marquetterie de nos souvenirs et n'avoir d'autre unité que celle de leur mobile association. La personnalité varie suivant le nombre et la nature des souvenirs conservés; l'expérimentation, devenue possible par la suggestion hypnotique, a confirmé cette manière de voir; je suis heureux de retrouver parmi vous mon maître et mon ami, celui qui le premier a su analyser les variations synchroniques de la personnalité et de la mémoire dans les cas d'ecmnésie et montrer que les unes étaient une sorte de fonction des autres.

L'hypnotisme a donc permis l'expérimentation dans la psychologie, il a fourni des méthodes d'investigation nouvelles et des procédés de recherches d'une certaine précision; mais il s'est produit à cette occasion un phénomène souvent observé ; l'humanité n'apporte pas de solution définitive aux difficultés au milieu desquelles elle se débat. Les réponses qu'elle arrache au sphinx lui révèlent des problèmes nouveaux, insoupçonnés. L'hypnotisme nous a placés en face de la suggestion, énigme grave pour le philosophe, pour le magistrat et pour le médecin.

Nous sommes encore loin d'avoir résolu cette énigme; nous pouvons cependant espérer que nous la déchiffrerons un jour. Il me semble que la suggestion nous conduit sur un terrain où la psychologie et la physiologie se confondent; nous sommes en présence d'actes ou d'idées relativement simples et d'une analyse plus aisée que les concepts ordinaires; ceux-ci sont d'une extrême complexité, alors que dans la suggestion nous pouvons éliminer tous les éléments étrangers à l'idée suggérée, soit qu'ils disparaissent de la conscience, soit qu'ils y jouent un rôle négligeable. Dans ces conditions, la suggestion semble agir d'une manière en quelque sorte mécanique.

Ce mécanisme n'est pas exclusivement psychologique;

ses rouages mettent en mouvement dans notre machine humaine des organes profonds, dont le jeu échappe à notre conscience personnelle; il implique le parallélisme, la solidarité du phénomène psychologique et de l'état physiologique des centres nerveux de tout ordre. Aux centres supérieurs seuls appartient la conscience personnelle, à laquelle les états variables des centres inférieurs sont inconnus individuellement, bien qu'ils y retentissent d'une manière générale et cumulative; c'est la « cénesthésie ».

Or, la conscience personnelle est, à certains égards, une limitation. La personnalité est un mode particulier de notre activité psychique, une sorte de catégorie de nos perceptions, aussi nécessaire à notre entendement au point de vue subjectif, que le temps et l'espace le sont au point de vue objectif. Derrière elle, nous devinons un sujet pour lequel la personnalité ordinaire n'a qu'une réalité contingente. Derrière la mémoire personnelle, nous découvrons une autre mémoire, inaccessible à la personnalité; cette mémoire n'a rien oublié de tout ce qui nous est advenu, et ses impressions, fraîches et précises, remontent jusqu'à notre plus tendre enfance; notre conscience elle-même nous dérobe une conscience impersonnelle plus vaste, qui semble connaître à fond toute l'activité de nos centres et des organes innervés par eux. Elle sait isoler chacun des éléments individuels dont se composent les sensations cénesthésiques, qui sont, pour notre conscience personnelle, une résultante complexe, imprécise, irréductible. Elle fait mieux encore, elle sait régler l'action de tous les centres nerveux, l'accélérer, la retarder ou même l'arrêter; son rôle, dans les fonctions de la vie animale et végétative, est comparable à celui de la volonté dans les actes soumis au contrôle de celle-ci. En effet, de délicates expériences montrent qu'il existe une conscience dans laquelle tous ces phénomènes sont perçus et une volonté par laquelle ils sont commandés. L'une et l'autre sont ignorées de la conscience ordinaire, elles dépendent de cette conscience générale, plus vaste, dont je vous parlais à l'instant ; celle-ci, au contraire, n'ignore rien de la personnalité, qui n'est qu'une fraction de sa masse ; c'est dans son activité provoquée ou spontanée qu'il faut rechercher le mécanisme de la suggestion.

L'activité fonctionnelle d'un élément quelconque de notre organisme est régie par des centres nerveux hiérarchiquement ordonnés; au point de vue physiologique, cette activité n'est jamais isolée; elle retentit sur l'organisme entier par l'intermédiaire du système nerveux et de ses connexions; toujours au même point de vue, la conscience sera, objectivement, l'état particulier dans lequel les centres nerveux se trouveront pendant l'activité fonctionnelle des éléments régis par eux, état qui sera spécial à chaque mode du fonctionnement latent ou manifesté.

L'association étroite et la subordination des centres nerveux a pour conséquence d'amener dans les centres supérieurs, dans ceux qui gouvernent plusieurs départements, un état également particulier, correspondant à celui de chaque centre individuel inférieur; le système nerveux forme un ensemble dont les parties sont solidaires.

Au point de vue psychologique, ces états particuliers des centres de tout ordre, corrélatifs aux différentes phases de l'activité de chaque élément organique, s'expriment par ce que nous appelons une image, image

qui peut être consciente pour la personnalité ou ne pas
l'être. Ces images persistent, car jl semble que les traces
laissées dans les éléments nerveux par leurs états anté-
rieurs soient ineffaçables; c'est la base organique de la
mémoire.

Nous pouvons résumer ces idées de la manière suivante et dire : **tout phénomène organique détermine
dans les centres nerveux, dont dépend directement ou
indirectement l'organe intéressé, un état physiologique
particulier et une image correspondante.** L'image est
l'aspect psychologique de ce phénomène ; si notre hypothèse est vraie, à chaque phase du fonctionnement
d'un élément correspond un état particulier de tout le
système nerveux et une image afférente à cet état
et à lui seul. L'image, dans les centres supérieurs, sera
formée d'un grand nombre d'images élémentaires, de
même que l'état physiologique corrélatif de ces centres
sera formé par la somme d'un nombre équivalent
d'états particuliers des centres inférieurs.

Dans les régions cérébrales où paraît s'élaborer la
conscience personnelle, la synthèse de tous ces états
sera perçue sous la forme de la sensation cénesthé-
sique; mais, là où notre conscience personnelle ne per-
çoit qu'une résultante indivisible pour elle, la conscience impersonnelle générale saisit un ensemble dont
elle peut distinguer, et suivre jusqu'à leur origine, tous
les éléments constitutifs.

Le phénomène psychologique est solidaire du fait physiologique; il en est l'aspect subjectif, il varie avec lui,
dans les mêmes proportions que lui. Il y a donc une
corrélation étroite entre l'état d'un élément organique,
celui du centre qui l'innerve, celui des centres qui le
commandent et celui des centres où se manifeste la

conscience personnelle. En vertu de cette solidarité, tout état physiologique induira un état psychologique harmonique qui l'exprimera et n'exprimera que lui.

Dès lors, on conçoit que l'inverse puisse se produire et que l'induction d'un état psychologique ait pour effet la détermination d'un état des centres nerveux correspondant à l'image induite et, par suite, une activité fonctionnelle physiologique conforme à cet état; l'image devient une cause au lieu d'être une conséquence.

Prenons un exemple : ordonnons à une personne suggestible de s'endormir; nous imposerons à sa conscience personnelle l'idée qu'elle va dormir; aucune autre idée n'occupera le champ de cette conscience. On a depuis longtemps observé ce phénomène qui a été appelé « monoidéisme ». Peut-être n'a-t-on pas mis suffisamment en relief le mode d'action de ce monoidéisme. Dans l'hypothèse que je vous propose, l'image du sommeil actuel s'impose aux centres conscients qui ne peuvent s'y soustraire ; les centres nerveux fermés à la conscience personnelle sont solidaires des premiers et par conséquent sont contraints de se mettre dans l'état particulier correspondant au leur et amèneront les conditions organiques corrélatives, c'est-à-dire le sommeil véritable.

Permettez-moi une comparaison : certaines machines magnéto-électriques sont réversibles, c'est sur leur emploi qu'est fondé le transport à distance de l'énergie électrique; une chute d'eau actionne une dynamo et lui fait produire un courant électrique; ce courant arrive à une autre dynamo et la fait tourner, de manière que d'un côté le travail fourni par la chute d'eau détermine une force électromotrice dans la machine génératrice, et de l'autre cette force transmise entraîne un mouvement consécutif de la machine réceptrice.

C'est ce qu'on appelle la réversibilité.

Le mécanisme de la suggestion me paraît être semblable. L'état des organes et des centres inférieurs est comparable à l'énergie empruntée à la chute d'eau; l'image formée dans les centres conscients, à l'électricité engendrée. Imposons l'image et nous obtiendrons l'état physiologique, comme nous obtenons la rotation de la machine dynamo-électrique en lui apportant un courant électrique. Nous arrivons ainsi à cette hypothèse qui sera, je crois, féconde, c'est que non seulement les états physiologiques et psychologiques sont étroitement solidaires, mais qu'ils sont en quelque sorte réversibles.

Je ne puis discuter ici cette hypothèse et je ne m'étendrai pas sur toutes ses conséquences; il en est une cependant que je veux vous signaler, à cause de son importance.

Les recherches nouvelles sur la conscience et la personnalité ont été d'abord défavorables à leur unité; je n'ai pas besoin de vous dire combien ces premières constatations ont ébranlé les bases de la philosophie spiritualiste, pour laquelle l'unité du moi était une sorte de dogme intangible.

Or, voici qu'une analyse plus profonde nous ramène à cette unité perdue; la conscience et la personnalité s'effacent, mais c'est pour nous laisser apercevoir la masse indistincte de l'individualité, masse gigantesque, dont nos regards ne peuvent embrasser l'étendue.

Qu'est cette unité nouvelle? Elle exprime sans doute notre unité organique, mais elle paraît complexe, au moins dans l'état où nous l'apercevons; nous ne pouvons pas analyser ses manifestations en elles-mêmes, puisque, pour notre faible intelligence, l'idée est inséparable d'une conscience personnelle qui la conçoit et l'exprime. Les probabilités sont pourtant en faveur de l'existence, dans cette individualité, d'une conscience indépendante de la personnalité.

J'ai proposé d'appeler cette conscience, la conscience générale; elle est infiniment plus compréhensive que l'autre, elle est en rapport avec une intelligence qui dépasse singulièrement celle de la personnalité normale et peut-être est-ce là notre véritable individualité ; c'est elle qui préside aux fonctions de la vie, des plus infimes aux plus élevées. En étudiant ses relations avec la personnalité, nous nous rendons clairement compte des limitations de cette dernière. Etude instructive, qui peut nous aider à comprendre aussi bien le mécanisme du génie que celui de certaines psychoses; peut-être, mais c'est là une hypothèse téméraire, peut-être nous donnera-t-elle un jour une explication de l'hérédité et de l'évolution.

L'hypnotisme et ses dérivés ne sont pas les seules voies d'accès à cette individualité cachée; d'autres phénomènes nous en rapprochent, la télépathie par exemple.

Je sais bien que les faits de télépathie ne sont pas admis par tous les savants; j'ai la persuasion cependant que leur admission dans la science n'est qu'une question de temps; il est juste que les faits nouveaux soient accueillis avec réserve et défiance, toutes les fois qu'ils ne peuvent être reproduits expérimentalement. Or, nous ne pouvons pas encore faire de véritables expériences de télépathie; celles qui ont été tentées ont donné des résultats incertains.

Toutefois, le nombre des observations est tel, qu'il est difficile de ne pas accepter leur réalité, au moins d'une manière générale.

Qu'entend-on par « télépathie »? Myers en donne cette définition : « la communication d'une impression quelconque d'une intelligence à une autre, en dehors des modes d'action admis de nos sens ». Cette définition n'est pas parfaite, car elle interprète le phénomène; on devrait se borner à dire que la télépathie est la connaissance plus ou moins précise d'un fait quelconque, obtenue en dehors des modes d'action admis de nos sens. Un exemple me fera mieux comprendre :

Un négociant de Londres est dans une ville éloignée; il se trouve seul à l'hôtel, au soir d'une froide journée de janvier. Il se repose dans le salon à l'heure indécise du crépuscule où la lumière du jour est trop faible pour permettre la lecture, sans l'être encore assez pour rendre nécessaire l'usage des lampes. Tout à coup, la muraille du salon disparaît, et il voit sa maison de Londres; sa femme est sur le seuil couvert de neige, elle paraît émue, elle parle à un homme misérablement vêtu qui tient un balai à la main.

Le négociant a l'impression que l'homme demande des secours. A ce moment, l'arrivée d'un domestique fait disparaître l'hallucination qui était vraie dans ses moindres détails.

L'analyse des faits de ce genre nous conduit encore à l'hypothèse de cette conscience générale dont je vous parlais à propos de l'hypnotisme; elle nous révèle l'étendue de ses rapports avec le milieu extérieur et nous montre qu'ils sont du même ordre que ses rapports avec notre organisme; ils sont moins limités que ceux de la personnalité normale.

Chose singulière, la conscience générale paraît une étrangère pour la personnalité; elle se manifeste à cette dernière par des impressions ou des mouvements dont la cause échappe au Moi. L'examen des conditions dans lesquelles ces impressions ou ces mouvements surviennent, conduit à une théorie générale de l'hallucination, qui donne une séduisante unité à sa conception physiologique et psychologique. L'hallucination n'est plus une excitation limitée aux centres de la sensation, elle devient un phénomène général auquel les centres du mouvement ne font pas exception; elle constitue un automatisme sensoriel ou moteur. On peut aller encore plus loin et reconnaître que les centres de la vie psychique, ceux dans lesquels se manifeste l'intelligence et se réalisent les opérations supérieures de l'esprit, peuvent être le théâtre de ces phénomènes en apparence spontanés.

Cette théorie nous permet de relier les uns aux autres les automatismes de toute espèce et de les grouper cliniquement d'une manière simple et logique. Mais, leur cause est-elle toujours pathologique? Il est difficile de l'admettre quand l'hallucination consiste en une certitude abstraite, en une impression sensorielle correspondant à un événement réel ou en des mouvements coordonnés transmettant un message véridique par des signes, par l'écriture ou par la parole.

Une première loi semble régir le mode de production de ces automatismes : leur mécanisme est toujours le même, que l'hallucination soit ou non véridique. Nous ne pouvons donc pas déterminer leur degré de vérité au moyen de leur forme; cette conclusion entraîne une conséquence importante, c'est que leur cause doit être cherchée en dehors du mécanisme, c'est-à-dire des

centres excités. On est amené à se demander s'il n'existe
pas dans notre organisme quelque chose qui est informé
de l'événement éloigné et qui en prévient la personnalité.

Ce quelque chose doit être la conscience générale; il
serait trop long de vous indiquer en détail les raisons
sur lesquelles cette hypothèse peut s'appuyer; l'une des
plus sérieuses est l'effacement de la conscience personnelle, qui peut aller jusqu'à l'extase pendant ces phénomènes. Une autre est le mode de leur perception par
la personnalité qui les accueille comme des manifestations d'une activité extérieure à elle-même, et les
objective, si l'Académie veut bien me permettre cette
expression.

L'objectivation est une loi psychologique générale;
elle s'applique aux hallucinations sensorielles comme
aux hallucinations motrices, telles que je les ai définies;
il en résulte deux conséquences principales que nous
pouvons vérifier expérimentalement. La première est
relative aux hallucinations sensorielles; elles obéissent
à la loi de la projection, c'est-à-dire qu'elles sont assi-
milées aux perceptions ordinaires et sont projetées dans
l'espace comme si leur cause était réellement en dehors
du sujet. Les messages transmis par des hallucinations
sensorielles sont, par suite, habituellement symboliques,
soit qu'ils représentent l'événement, soit qu'ils l'expriment par une image; les hallucinations auditives
n'échappent pas ordinairement à cette loi, bien qu'elles
puissent transmettre un message verbal et précis.

C'est là un fait d'un grand intérêt; il nous montre que
l'origine du symbolisme est en nous-mêmes, qu'il est
un mode d'expression spontané, primitif peut-être de
notre intelligence; l'étude du symbolisme importe beaucoup à l'histoire des religions et du mysticisme.

La mystique commence à peine à éveiller l'attention des savants; elle mérite cependant une étude approfondie; les œuvres des écrivains mystiques renferment une mine inépuisable d'observations délicates et précises; leurs auteurs ont depuis longtemps parcouru les voies où la psychologie s'engage aujourd'hui sous la double influence de la médecine et de la métapsychique, causes bien différentes d'effets concordants.

Les phénomènes de la mystique sont, pour la plupart, probablement vrais; la vision corporelle, l'imaginaire et la spirituelle représentent des degrés divers dans la projection extérieure de l'hallucination, qui, suivant les centres nerveux excités, suivant le degré de l'excitation, se projette plus ou moins complètement au dehors. A la vision spirituelle correspond l'intuition, qui est l'automatisme des centres de la pensée abstraite; c'est un phénomène dont on soupçonne encore à peine l'importance; les visions imaginaires ont pour équivalents les paramnésies, l'illusion hypnagogique, le rêve; aux visions corporelles répondent les hallucinations, systématisées ou non.

La seconde des conséquences de l'objectivation concerne d'une manière générale, mais non pas exclusive, les automatismes moteurs, ils sont rarement symboliques, exception faite des dessins ou emblèmes; dans les autres cas, c'est un message écrit ou parlé qui se transmet. La personnalité normale attribue ce message à une autre personnalité. C'est là le phénomène que j'ai appelé « la personnification ». Il forme la base psychologique d'un grand nombre de croyances anciennes ou modernes.

Enfin, dans toutes les hallucinations sensorielles ou motrices, nous trouvons la même gradation reliant d'une part les délires hallucinatoires les plus incohérents aux phénomènes les plus nets de télépathie et, d'autre part, les convulsions les plus déréglées aux mouvements les plus compliqués de l'écriture ou de la parole.

L'ordre et l'unité pénètrent ainsi dans des manifestations en apparence désordonnées; la science peut les discipliner ; guidée par les lois générales qu'elle y découvre, elle peut en analyser tous les éléments.

Vous le voyez, **Messieurs**, c'est une psychologie nouvelle qui s'élabore sous nos yeux; la métapsychique peut revendiquer **une grande part dans sa constitution**. Les moyens d'investigation qu'elle prétend avoir à sa disposition lui permettront-ils d'arriver à une connaissance plus complète de cette individualité cachée au fond de nous-mêmes? Je l'espère. Je vous ai montré l'étendue des informations de cette individualité relativement à notre organisme; je vous ai dit que la télépathie semblait indiquer chez elle l'existence de facultés semblables vis-à-vis du milieu extérieur; faut-il aller plus loin? L'individualité agit sur des organes soustraits à l'action de la personnalité; peut-elle, dans le monde extérieur, agir au delà des limites imposées à la personnalité normale? C'est le problème de la « télékinésie ». Il n'est peut-être pas suffisamment élucidé pour que je me permette d'en entretenir l'Académie, et j'arrêterai ici mes incursions dans la métapsychique.

Ai-je réussi à vous convaincre de son utilité? Je le souhaite; en tout cas, ceux qui n'ont pas de réputation scientifique à compromettre, ceux qui sont comme moi de simples curieux, ceux-là s'imaginent volontiers que la science future **permettra** de formuler de consolantes conclusions; elle **découvrira** au fond de nous-mêmes un être qui est véritablement nous; un être dont les potentialités sont infiniment plus grandes que celles de nos éphémères personnalités, un être dont l'effort séculaire a lentement formé notre corps pour permettre à la vie et à l'intelligence de s'y manifester. Sa puissance n'est pas épuisée; il réalisera un jour une humanité plus sereine et plus douce, des hommes semblables à vous, Messieurs, au milieu de laquelle il sera bon de vivre.

Je vous remercie, Mesdames et Messieurs, d'avoir bien voulu m'écouter avec tant d'indulgence.

RÉPONSE DE M. LE PRÉSIDENT

A M. MAXWELL

MONSIEUR,

Les occultistes du temps jadis, dont les mystères ne pouvaient échapper à votre inlassable curiosité, n'avaient reculé devant aucun problème et, à côté de la pierre philosophale, ils avaient recherché la formule de l'eau de Jouvence, ce complément nécessaire des trésors métalliques; la légende du docteur Faust repose certainement sur des traditions et ces traditions sur des faits.

L'Académie ne confère point, tant s'en faut, l'immortalité : l'année 1907 en est, je l'ai dit tout à l'heure, une preuve douloureuse, mais elle donne quelquefois l'illusion d'un retour aux années antérieures, puisqu'elle vous a conduit, ce soir, à présenter la défense de votre cause devant le tribunal de cette brillante assemblée.

Les juges sont fort nombreux, Monsieur, pour assister à un duel oratoire où vous a précédé la réputation d'un talent incontestable, entraîné par un constant exercice.

La partie n'èst pas égale pour le Ministère public; le hasard des élections, et ce hasard ne se produit pas seulement à l'Académie, le hasard, dis-je, et des circonstances que nous regrettons tous, ont désigné pour vous répondre un fonctionnaire dont les obligations étaient généralement le silence, surtout lorsqu'il était chargé, il y a quelques années, de diriger le service des téléphones.

Aussi, sera-ce une désillusion pour beaucoup, et, au lieu des sévérités qui sont d'usage en pareille occasion, trouverez-vous un réquisitoire plein de mansuétude, abondant dans le sens de la plaidoirie.

En voulez-vous la véritable raison? C'est que nous avons ce soir à nous expliquer entre confrères, chacun marqué de la même tare. Nous sommes des « amateurs », j'en demande pardon aux « professionnels ».

Amateur, certes, l'ingénieur admis dans cette Compagnie en raison surtout des études et des travaux entrepris « à côté » dans le domaine des sciences naturelles et historiques.

Amateur, ce représentant autorisé du commerce bordelais, ce juge consulaire à qui l'inspiration dramatique, la Muse qui absorbait ses rares moments perdus vint, en 1865, ouvrir la porte par laquelle vous pénétrez à votre tour.

Amateur, le magistrat revêtu de la robe rouge en qui nous ne voulons voir (il vient lui-même d'en exprimer le désir) que le chercheur acharné, le savant subtil, le très intéressant « abstracteur de quintessences », en rendant à cette expression le sens hermétique défiguré par l'ironie de Rabelais.

Vous avez toutefois, dans cette énumération qui pourrait beaucoup s'étendre, des avantages marqués devant lesquels s'incline mon incompétence.

Entraîné par une curiosité insatiable **vers** des problèmes toujours plus ardus, vous avez jugé bon de donner au « dédoublement de votre personnalité » une forme officielle; vous n'avez pas hésité, malgré le labeur obligatoire de votre charge au Parquet, à ne vous épargner aucune des phases du stage médical, et bien que vous vous fussiez depuis longtemps déjà spécialisé, vous êtes redevenu étudiant, vous avez suivi avec un zèle égal toutes les branches de l'enseignement de notre Faculté, fréquenté toutes les cliniques, aussi bien celles de la chirurgie et de l'obstétrique que celles de la neurologie.

Si donc, Monsieur, l'Académie est heureuse de voir revivre en votre personne la tradition des magistrats qui l'ont illustrée dès sa fondation et qui y ont assidûment représenté le Parlement, puis la Cour, elle salue surtout en cette séance, M. le docteur Maxwell, de la Faculté de Bordeaux.

L'importance de votre thèse et le retentissement qu'elle devait avoir auraient conduit un autre que vous à la soutenir devant le jury parisien; vous avez préféré rester fidèle à l'Université de votre terre natale, car vous êtes un Bordelais de Bordeaux, appartenant à une famille qui s'y est créé de puissants droits de cité. Pourquoi n'ajouterais-je pas qu'il y a ce soir une mère vénérée, également fière de ses trois fils, que votre cœur reconnaissant associe à l'honneur contre lequel vient de protester, suivant l'usage, votre modestie de récipiendaire?

Ce droit de naissance vous créera des sympathies particulières à l'Académie, synthèse du Bordeaux intellectuel. Quant aux immigrés qui y continuent la tradition commencée dès la fondation de l'antique Burdigala, pourquoi ne feraient-ils pas fête au descendant d'un immigré

Vous êtes sévère pour vos travaux, Monsieur; oserai-je dire que c'est à eux seuls que cette sévérité est réservée par un cœur naturellement porté à l'indulgence? Vous avez sondé comme magistrat et comme médecin tant de replis de notre pauvre nature humaine, vous y avez trouvé tant de misères que de toute votre œuvre se dégage l'ardent désir d'un idéal meilleur, et quelles que soient les hardiesses de certaines de vos théories, vos contradicteurs doivent dans tous les cas rendre hommage à votre profonde sincérité.

Cette œuvre est considérable, contrairement au jugement que vous portez sur elle, et, par sa nature même, elle vous a obligé à y écrire votre propre histoire.

Votre profession de foi est très nette : dans votre si remarquable traité des « phénomènes psychiques », vous déclarez n'être ni spirite, ni théosophe, ni occultiste. Vous ne croyez ni aux sciences occultes, ni au surnaturel, ni aux miracles.

Je comprends la situation délicate où vous place le spiritisme. D'une part, vous n'ajoutez aucune créance à ses doctrines où vous signalez des contradictions qui n'ont jamais été expliquées; d'autre part, il est seul en mesure de vous fournir des procédés expérimentaux et de précieux concours personnels qui méritent votre reconnaissante sympathie.

Les recherches qui, vous venez de le dire, vous ont ouvert les portes de l'Académie, répondent à une orientation déjà très ancienne de votre esprit; orientation essentiellement scientifiqᵘe, basée avant tout sur l'expérimentation méthodique. De là à disséquer l'âme humaine et analyser les tares qui s'offraient au magistrat, un pas était seul à faire. Ainsi se forma votre vocation, et cette vocation porta rapidement ses fruits.

Je distinguerai en premier ce que j'appellerai vos œuvres mixtes où le juriste et le médecin, l'expérimentateur de la conscience et celui de l'organisme apparaissent côte à côte sans se confondre; nous vous devons sous cette forme trois documents d'importance inégale, mais également caractéristiques sur la netteté et la pénétration de votre analyse.

Le premier en date est le discours prononcé à l'audience solennelle de rentrée du 16 octobre 1901 sur « quelques cas de responsabilité médicale », vous y passez en revue les cas très délicats des « remplaçants », du secret professionnel, des déterminations à prendre dans les circonstances graves où le praticien se trouve en face de la responsabilité pénale ou de la responsabilité civile, enfin vous signalez le dilemme terrible où le place une naissance difficile probablement fatale soit pour la mère, soit pour l'enfant.

Vous n'hésitiez pas, avec une abondance d'arguments à l'appui, à prendre la défense de la première.

La controverse à laquelle vous participiez avec tant d'éclat agitait alors le monde médical; votre principal adversaire était un éminent professeur de la Faculté de Paris. Vous eûtes néanmoins gain de cause, d'abord par un avis de la Société de Médecine légale, puis par un arrêt de la Cour d'Aix, en date du 22 octobre 1906.

L'importance capitale des affirmations, des dénégations, des aveux ou des témoignages devait nécessairement appeler votre attention sur les anomalies dues aux troubles de la mémoire, sujet intéressant entre tous, bien fait pour exercer la sagacité et la prudence des **juges**.

Un discours prononcé en 1902 résume magistralement vos **observations** sur cette passionnante question de l'*amnésie* sous toutes ses formes et pour toutes les causes; vous rappelez les récits de Thucydide, le témoignage personnel de Montaigne et de Jean-Jacques Rousseau.

Qui de nous d'ailleurs n'a été frappé par d'incompréhensives et subites lacunes dans ses souvenirs? Il arriva à un de mes amis d'oublier son nom pendant vingt-quatre heures!

Vous avez rendu justice, dans votre discours, au savant bordelais qui, dès 1887, avait étudié et baptisé l' « amnésie rétrograde », précurseur dont la science étrangère a, comme toujours, reconnu, la première, les droits d'antériorité, et si l'Académie met à l'épreuve l'ingéniosité de ses récipiendaires en donnant le fauteuil d'un astronome à un poète ou à un historien militaire, puis celui·d'un poète à un médecin, l'équilibre ne s'en réalise pas moins avec le temps, et nous aimons à reconnaître en vous le légitime successeur de notre regretté collègue, M. le Dʳ Azam.

Je n'insisterai pas sur votre travail, si accessible aux profanes; vous y passez en revue toutes les causes de l'amnésie : les traumatismes, l'épilepsie, l'hystérie, les intoxications, et vous concluez en mettant en évidence, pour l'auditoire spécial auquel s'adresse cette conférence, des considérations d'ordre juridique qui lui donnent une réelle valeur pratique.

Cette question de l'amnésie ne devait pas vous délivrer de son obsession, ou plutôt votre discours de 1902 n'était qu'une préface à la thèse que vous deviez soutenir si brillamment en 1903 sur ce sujet : « l'amnésie et les troubles de conscience dans l'épilepsie. »

Ceci n'est pas une œuvre ordinaire, vous avez mis une véritable coquetterie à soumettre à vos juges un travail d'une exceptionnelle envergure, vous avez tenu à ne devoir votre nouveau grade ni à votre haute situation professionnelle, ni à d'unanimes sympathies particulières, voulant être jugé comme un étudiant, et rien que comme un étudiant, nouvelle preuve de votre conscience rigide et de l'inflexibilité de la règle scientifique de votre *curriculum vitæ*.

Cette thèse est le monument d'un labeur colossal. Vous n'avez pas consulté moins de 1,845 ouvrages, dont la bibliographie tient soixante et une pages de votre volume.

Ceci, ajouté aux exigences de votre siège, donne la mesure indéniable — elle est mathématique — de votre puissance de travail.

Malgré la spécialité de votre étude, que d'observations intéressantes, que d'affirmations nouvelles ne devrais-je pas reproduire au plus grand intérêt de cet auditoire d'élite; mais le temps nous est mesuré, et j'ai encore tant de chemin à parcourir!

Je citerai seulement, dans la partie théorique, les rapports de l'amnésie et de la conscience personnelle, la part que prend l'amnésie dans l'évolution de la responsabilité; dans la partie pratique, la notion, non encore admise en 1902, de l'amnésie « retardée », c'est-à-dire de l'existence du souvenir pendant une période plus ou moins longue après la crise, puis sa disparition ultérieure.

Ainsi, un épileptique arrêté pendant la période du

trouble de sa conscience, généralement associé à une altération de la personnalité, peut avouer son crime, puis le nier quand l'altération cesse.

Nous expérimentons souvent de semblables anomalies en matière de rêves : il nous arrive fréquemment de nous rappeler plus ou moins nettement nos songes au moment où nous nous éveillons, pour les oublier complètement au bout de quelques instants.

Ce genre d'amnésie est particulièrement dangereux, il peut trop facilement faire soupçonner la simulation, et inversement, les simulateurs peuvent en tirer parti; c'est donc à très juste titre que vous l'avez spécialement recommandé aux méditations des médecins légistes dans les conclusions du véritable traité que vous avez mis entre leurs mains.

On pourrait croire, Monsieur, d'après ce qui précède, que vos études médicales, et le brillant résultat où elles vous ont conduit, avaient pour objectif l'ensemble des problèmes relatifs à la conscience et à ses maladies que posait l'exercice quotidien de votre ministère; ce n'est pas exact. Vous avez eu soin, dans un de vos livres, de nous détromper.

En réalité, une curiosité plus puissante vous aiguillonnait. Il y a évidemment dans les recherches médico-légales ample matière aux investigations d'un esprit tel que le vôtre, mais d'autres phénomènes autrement mystérieux, autrement troublants, d'une portée bien plus étendue étaient trop séduisants sous leur aspect paradoxal pour ne pas exercer sur vous une obsédante fascination.

Les sciences occultes, puisqu'il faut prononcer ce nom redoutable, n'avaient jamais attiré votre curiosité de jeune homme; faire tourner une table vous paraissait un fait indigne de tout examen. Tout à coup, quelques ouvrages théosophiques vous tombent sous la main; un mouvement mystique, étrangement orienté, vous est révélé, et vous voilà pris dans l'engrenage. Nous sommes en 1892.

Un discours de rentrée, en 1893, vous permet de rendre publiques pour la première fois vos impressions personnelles, et, devant la Cour de Limoges, vous traitez, avec une autorité déjà très établie, cet intéressant sujet : « le mysticisme contemporain et le droit pénal. »

Vous y définissez le monde des spirites et celui, plus étrange encore, des théosophes, leur enseignement et leur morale; enfin, leurs théories en matière de responsabilité pénale où interviennent les cas de possession.

Ces mystiques, que guettent d'invisibles dangers, sont des ennemis imprévus de la peine de mort, pourquoi? Parce que, d'après eux, « chaque fois que l'on rejette dans l'autre monde un individu qui a disparu par suite d'une mort violente, on envoie dans l'espace un être des plus dangereux qui s'efforce de revivre par d'autres et qui, ayant une haine profonde de notre société, commet par les intermédiaires dont il peut s'emparer tous les forfaits possibles. »

Par contre, les mêmes mystiques prétendent mettre à la disposition de la justice l'investigation psychique et découvrir ainsi tous les crimes cachés.

Vous étiez encore dans l'expectative, mais votre contact avec l'occultisme devait vous conduire presque immédiatement à l'expérimentation.

Vos premières tentatives à Limoges sont infructueuses; vous êtes plus heureux en 1895, à l'Agnelas, en compagnie des fondateurs de la nouvelle science, notamment du colonel de Rochas et du doyen de la Faculté de Montpellier, puis enfin, en 1896, dans votre résidence des environs de Bordeaux.

Cette même année, votre discours de rentrée est consacré à la figure très originale et très attachante d'un président au Parlement de Bordeaux, Jean d'Espagnet, qui, après avoir dirigé comme commissaire extraordinaire le procès des Sorcières du Labourd et en avoir « laissé » brûler par centaines, résigna subitement, en pleine vigueur, ses fonctions et se consacra à l'hermétisme.

On trouve dans ses écrits de très intéressantes théories; il est un précurseur de Laplace dans son explication de l'origine du monde, il semble également avoir entrevu l'évolution des êtres organisés. Et tout en s'attaquant au grand œuvre dans le mystère de son laboratoire de la rue du Hâ, « il poursuit un idéal élevé, en quelque sorte inaccessible, et nous initie à une philosophie pleine du sentiment de la fraternité et de la solidarité des êtres, aspirant vers l'infinie contemplation de la divinité bienfaisante. »

En fallait-il davantage pour éveiller une sympathie qui perce à chaque page de votre brochure?

Nous voici bien loin des sciences psychiques modernes dont vous venez de faire un si magistral résumé, lequel est, en même temps, la primeur de votre très intéressante et très plausible théorie de la réversibilité.

Comment avez-vous abordé ces études? Vous nous l'apprenez en les termes qui suivent :

« Dès le début de mes expériences, j'ai été frappé d'un fait qui m'a paru certain. Je me suis aperçu que l'on ne pouvait étudier certaines manifestations, en apparence supra-normales, qu'à l'aide de la pathologie nerveuse et mentale. Je me suis remis à l'école, et pendant six années, j'ai suivi avec le plus grand soin les cliniques médicales de l'Université de Bordeaux... Je n'ai pu acquérir sans doute que des notions bien élémentaires, mais, pour simples qu'elles soient, elles m'ont été pourtant d'un grand secours; elles m'ont permis de comprendre le mécanisme de certaines manifestations et de porter un jugement plus précis sur leur valeur psychologique. »

Voilà, en réalité, Monsieur, pourquoi vous êtes docteur en médecine.

Vous ne tarderez pas à le confirmer, puisqu'en 1903, la même année que votre thèse, paraît un livre, également de première importance, mais qui, s'adressant à la masse des lecteurs, est appelé à un plus grand retentissement.

Les phénomènes psychiques : voilà le titre d'un ouvrage clair dans son exposé, attachant à lecture, dont le succès est affirmé par ses trois éditions et ses nombreuses traductions.

Sa préface, due à un maître, Charles Richet, fait votre éloge d'une façon d'autant plus flatteuse qu'elle est plus discrète. « Il convient au vrai savant d'être très modeste et très hardi à la fois. Très modeste, car notre science est très peu de chose; très hardi, car l'immense champ des mondes inconnus lui est ouvert.

» Audace et prudence : telles sont bien les deux qualités nullement contradictoires du livre de M. Maxwell. »

Il semble que ce résumé du livre soit le portrait de l'auteur.

Votre introduction donne un exposé très net de vos idées personnelles, en voici un extrait significatif :

« Je me suis efforcé de me tenir à égale distance de

ceux qui nient de parti pris, comme de ceux qui affirment témérairement.

» Je suis resté en marge de la science : j'ai essayé d'apporter dans mes expériences les méthodes d'observation scientifique. Je n'ai voulu faire ni de l'occultisme, ni du spiritisme, ni quoi que ce soit de mystérieux ou de surnaturel. Beaucoup de ceux qui me connaissent imparfaitement supposent que j'ai laissé libre carrière à mon imagination : quelques-uns supposent que je suis un adepte de la théosophie, du néo-martinisme ou du spiritisme. Il n'en est rien : je cherche et je n'ai trouvé que peu de chose; d'autres ont été plus heureux que moi. Peut-être aurai-je un jour la même fortune, mais je ne m'occuperai qu'accessoirement de ce qu'ont fait les autres. Je dirai ce que j'ai vu et ce que je pense. Mon livre est le récit d'un témoin : il n'a pas d'autre signification. »

J'étais resté jusqu'à ce jour totalement étranger à ces recherches dont il est si facile d'exagérer la portée, et j'étais effrayé à l'idée de les aborder en votre présence.

Vous m'avez rendu tout facile après m'avoir rassuré par la modération et la modestie de vos conclusions; oui, vous êtes un témoin, un simple témoin, mais un témoin aidé de la technique scientifique, toujours maître de lui-même, quelque déconcertantes que soient les manifestations auxquelles il assiste; vous doutez tellement de vous-même, au milieu de l'assurance inquiétante de tant d'autres, que vous réclamez des appareils enregistreurs pour mesurer les « lévitations », un phonographe pour inscrire les « raps ».

Deux parties constituent votre manuel : dans la première, vous décrivez avec la plus grande netteté la méthode que vous avez suivie pour observer les phénomènes psychiques d'ordre matériel, c'est-à-dire les coups frappés ou « raps », les mouvements d'objets avec ou sans contact (parakinésie, télékinésie), les phénomènes lumineux, etc. Le chapitre consacré au choix des médiums est à lire dans son entier.

Vous n'avez constaté qu'une partie des phénomènes dont parlent les spirites, et vous avez chaque fois multiplié les garanties de contrôle, c'est la grande originalité de votre enquête, originalité d'où découle la haute autorité de vos conclusions.

Seuls les phénomènes lumineux, ou plutôt certains d'entre eux, vous déconcertent, et pour cause; ils sont scientifiquement encore inexplicables, et pourtant il n'y a doute pour vous, ni pour moi, qu'il faille les attribuer à des causes absolument naturelles.

Quant aux « raps », aux mouvements parakinétiques ou télékinétiques, même quand il s'agit d'une table très lourde s'élevant à un mètre cinquante du sol après avoir été simplement touchée à un de ses angles, et indirectement, par le fameux médium Eusapia Palladino, vous admettez l'action de forces matérielles inconnues dans lesquelles vous signalez une corrélation marquée entre le mouvement des objets et ceux du médium ou des assistants, puis encore certaines sensations accompagnant l'émission de cette force, laquelle a une connexion très probable avec l'organisme de ces assistants.

Pourquoi n'en serait-il pas ainsi? M. Richet, dans sa préface, fournit une comparaison très juste : sans la présence fortuite du fer doux à côté d'une pierre d'aimant, les anciens n'auraient pas connu le magnétisme; même remarque pour l'électricité développée par l'ambre frotté.

Même remarque encore dans les temps actuels pour l'impressionnabilité des sels d'argent par la lumière, pour les ondes hertziennes, pour les rayons de Rōntgen.

Il faut donc espérer avec vous qu'on trouvera des récepteurs parfaits pour déceler les forces encore si mystérieuses que vous avez observées, afin d'arriver à les expérimenter.

Là où nous sommes encore en plein inconnu et où vous avouez la difficulté de toute explication satisfaisante, c'est lorsque nous arrivons aux phénomènes psycho-sensoriels et intellectuels (automatismes sensoriels et automatismes moteurs). Là, on ne peut plus observer par soi-même, il faut s'en rapporter au récit de tierces personnes, c'est-à-dire renoncer provisoirement à une véritable méthode scientifique.

Je vous avoue que je suis confondu devant la multiplicité et la variété des phénomènes rapportés. Ces visions dans des boules de cristal de roche, par exemple, qui ont tout l'air d'hallucinations et qui pourtant conduisent aux constatations suivantes : souvenirs rappelés à la mémoire, faits passés que le sujet affirme avoir constamment ignorés, faits actuels certainement inconnus du sujet, faits futurs!

Et que dire des faits certains, démontrés, de prémonition, de télépathie?

Votre livre contient à ce chapitre une histoire extraordinaire qui s'est déroulée dans une famille de Bordeaux, histoire à laquelle vous n'accordez qu'une confiance très limitée et qui, dans tous les cas, prouve l'extrême danger auquel on s'expose en suivant les indications fournies par les prétendus « esprits ».

Le but que vous poursuiviez dans ces études si passionnantes devait vous rendre très sévère pour les fraudes; il s'en commet beaucoup, et vous en avez indiqué en détail les principales.

Démêler les fraudes des résultats exacts a été votre tâche constante; là encore, votre méthode est un modèle à recommander et une garantie contre beaucoup d'illusions.

Vous traitez cette question, non seulement à la fin de votre livre, mais encore dans d'autres brochures :

Affaire de la villa Carmen, à Alger;

Affaire du médium aux fleurs, en Allemagne;

Maisons hantées, etc.

Dernièrement, votre illustre collègue, le docteur Lombroso, n'a-t-il pas été mystifié par des photographies qui paraissaient pourtant avoir été obtenues avec le maximum de garanties?

La trop longue analyse qui précède ne doit pas nous faire oublier d'autres recherches, d'autres travaux. Avançons, avançons toujours; j'entrevois, à mesure que je m'enfonce dans l'étude de votre œuvre, que tous les sujets possibles vont défiler en une inquiétante, mais logique progression. Où nous conduirez-vous, Monsieur?

Voici un nouveau livre, c'est un livre de morale dont l'auteur, un certain docteur Wylm, serait certainement votre « double astral », si vous croyiez aux spéculations théosophiques.

C'est un travail téméraire, de l'aveu de l'auteur, travail basé sur une analyse où la bonne foi ne fait aucun doute; il soulève et soulèvera longtemps d'ardentes controverses; on y verra des paradoxes, d'aucuns diront des monstruosités, et l'auteur toujours calme, imperturbable, fort de sa loyale intention, répond : « Je n'ai pas seulement écrit cet essai avec ma raison, j'y ai mis aussi mon cœur et l'émotion provoquée par les souffrances dont j'ai été le témoin. »

Prenons l'humanité au début de son évolution, en pleine barbarie préhistorique, conduisons-la à travers les civilisations antiques, les religions, jusqu'aux temps contemporains, observons-y la constitution de la famille et des lois qui l'ont successivement régie, voilà la première partie.

Retournons en arrière, éliminons les influences passionnelles, les nécessités sociales et surtout les influences religieuses. Appliquons à l'être humain, tel qu'il semble être apparu entre les autres êtres, le principe de l'évolution, aussi bien au point de vue physique qu'au point de vue psychologique; nous sommes ainsi conduits à la recherche d'une formule logique ayant pour objet ce double fait fondamental : la perpétuation de la vie et la tendance vers une vie plus parfaite. La morale pratique consistera à se rapprocher le plus possible des prescriptions de cette formule.

La société actuelle ne réalise pas cette morale pratique; elle a subi, elle aussi, une évolution distincte et souvent contradictoire.

En raison de cette contradiction, et comme conséquence des passions ou des dogmes dont s'est déroulée la déconcertante énumération, nous ne pouvons plus, victimes des tares irrémédiables qui contaminent cette société, espérer en la recherche de notre beau rêve; il faut trouver un *modus vivendi*, la troisième partie du livre l'indiquera.

L'union de l'homme et de la femme devra être essentiellement basée sur le principe dominateur de l'amour,

dégagé des entraves d'une réglementation « surannée »
et des considérations de plus en plus prépondérantes
des intérêts matériels. Cette union pourra être légale
ou libre, au gré de chacun, mais avec la commune obli-
gation pour le père de supporter les conséquences
d'une paternité dont il ne pourra plus refuser la
recherche.

Ainsi basée, les liens seront subordonnés dans leur
durée au sentiment qui les a établis, et d'emblée dis-
paraîtront, toujours d'après l'auteur, la notion de
l'honneur conjugal et la jalousie, ce mobile de tant de
crimes passionnels.

La fécondité, qui est le but de l'union idéale ainsi
définie, viendra-t-elle apporter aux époux une désillusion qui n'amènera entre eux aucun autre nuage, la
solution qui est inscrite dans le code des Mormons
deviendra applicable, il y aura dorénavant plusieurs
mères pour élever les enfants du chef de la communauté.

Beaucoup, dans cet auditoire, taxeront en termes
quelque peu sévères les théories qui précèdent. Et
pourtant si nous réfléchissons tant soit peu, nous
devons bien reconnaître que partout où la morale
religieuse, qui en réalité constitue la base du Code
civil, a perdu son autorité, la plupart des réformes
que nous venons d'énumérer sont logiques, sinon applicables. Toutefois, il faudrait avant tout pour cela
que la société pût prendre deux écrasantes responsa-
bilités : écarter du rôle sacré de la paternité les indi-
vidus qui peuvent propager indéfiniment les tares physiques et morales et, d'autre part, assurer la subsis-
tance et l'éducation des abondantes générations nouvelles appelées à la vie par le nouveau législateur.

Ce serait l'âge d'or, Monsieur; pouvons-nous l'espérer sans qu'une évolution nous y conduise graduellement et sans les désordres profonds qui accompagnent trop souvent les révolutions prématurées? Cette évolution, nous en avons la base la plus certaine dans le chapitre consacré à l'éducation; oui, il est nécessaire que l'idéal pour les jeunes gens, pour les jeunes filles soit la famille, le foyer béni où les conseils éclairés des parents, dégagés de toute fausse pruderie, leur préparent une existence normale basée sur la communauté des sentiments et l'attraction féconde de leurs êtres; il faut leur montrer la vie conjugale telle qu'elle doit être, au lieu d'en faire soit un épouvantail, soit un tableau dépourvu d'ombres.

Cette préparation physique, basée sur la confiance et la franchise, doit être le privilège du père et de la mère, et non, comme nous le constatons en général, celui des camarades ou des compagnes et de tant d'intermédiaires trop souvent incompétents ou vicieux.

Et une fois cette belle et normale association de deux êtres conclue conformément aux règles de l'hygiène et de la raison, laissez-moi vous dire, Monsieur, qu'elle devra durer plus que l'attrait qui en aura été le premier mobile. Cette durée, on ne pourra la fonder que sur un idéal dont le nom importe peu, philosophique ou religieux, mais enfin sur quelque chose en dehors de nous-même, car notre nature est faible et notre raison bien loin au premier souffle qui passe...

Nous avons analysé avec vous la conscience humaine et ses troubles, les forces inconnues qui nous entourent dans le mystère, nous avons mis avec vous le doigt sur les plaies de notre société, vous nous avez montré,

avec Wells, ce que sera cette société en l'an 2000;
montons encore avec vous vers l'inconnu dont cette
société n'est qu'un des humbles éléments; nous voulons savoir ce qu'est la vie et la matière, et vous nous
expliquez à ce sujet, en un langage aussi intelligible
que le permet une matière aussi abstraite, la théorie
de Sir Oliver Lodge qui est, d'une part, la réfutation
du système du professeur Hæckel, le monisme maté-
rialiste, et, d'autre part, un acte de foi à une doctrine
hautement spiritualiste, combinée avec la notion de la
responsabilité et du libre arbitre, doctrine basée sur
le principe qu'on ne peut plus nier actuellement, de
l'évolution; il y a dans votre interprétation des paroles
du savant professeur de Birmingham des pages d'une
haute envolée qui vous honorent grandement. Ne vous
en défendez pas, car il ne s'agit plus ici d'une servile
traduction, mais d'une véritable œuvre personnelle,
où est passée votre propre inspiration.

J'ai fini, je ne veux pas compter avec vous les élec-
trons au milieu desquels vous évoluez avec l'aisance
d'un ingénieur des télégraphes et, malgré moi, devant
ce labeur dont mon long exposé n'est pourtant qu'une
esquisse, j'ouvre la page 13 de votre thèse médicale :
« Les vastes éruditions, comme celles des savants du
xvi° siècle, deviennent de plus en plus rares. La science
humaine commence à être trop vaste pour qu'un seul
cerveau la contienne. »

Vous évoquiez, je suis sûr, en écrivant ces lignes,
la figure du président d'Espagnet et vous traciez en
même temps d'une plume prophétique la voie où devait
vous conduire votre méthode servie par des facultés
exceptionnelles. Comme l'illustre hermétiste, vous
touchez à ce mystère de la nature et de la vie, avec

lui vous vous heurtez à cette nécessité d'admettre dans l'évolution merveilleuse de notre monde « l'œuvre d'un monde supérieur, d'un monde autre que celui dont nos sens ont connaissance... un monde enfin destiné encore à un développement indéfini, à la contemplation des plus nobles choses et aux joies les plus hautes, longtemps après que cette planète et tout le système solaire lui-même auront achevé le cycle actuel de leurs destinées ».

Nous n'avons pas quitté, Monsieur, le terrain scientifique, et malgré cela nous voici emportés dans l'espace, nous sommes bien près de nous abandonner à l'imagination pure et à toutes les fantaisies qu'il lui plaira de nous suggérer, nous sommes dans le domaine où nous pouvons communier avec l'âme du poète, et ainsi nous redescendons sur terre avec le souvenir toujours présent de celui qui vous précéda à ce fauteuil, Mégret de Belligny.

Notre ancien président, dont la place a été profondément marquée dans l'histoire de l'Académie, avait voisiné avec vous sur le terrain de l'occultisme. Sa *Sorcière d'Espelette* nous rappelle les extraordinaires faits de démonomanie constatés en 1609 par d'Espagnet et de Lancre dans le pays basque, et il devait à son origine créole, encore une ressemblance qui vous rapproche, une connaissance approfondie de ce culte mystérieux du Vaudoux, encore très répandu en Haïti, qui inspire le plus original de ses drames.

Ayant sur vous l'avantage d'une génération, vous auriez trouvé auprès de lui une intéressante documentation sur le pouvoir des sorciers noirs, « papalois » et « mamanlois », sur le vertige religieux des foules dans leurs assemblées mystiques, sur la puissance surnaturelle des « moanes-pouvoirs », sur tant de formes exotiques des phénomènes que vous avez décrits dans vos livres.

Mais ces considérations ne tiennent qu'une place accessoire dans l'œuvre de M. de Mégret, comme vous venez de le dire et, d'autre part, je ne saurais refaire après vous l'éloge de votre prédécesseur car vous avez appliqué à sa vie et à son œuvre la puissance d'analyse et la méthode d'investigation dont je rappelais tout à l'heure des indéfinies conséquences, pour en résumer ensuite les résultats dans la langue si nette, caractéristique de votre double évolution, langue où se confondent le juriste habitué à peser la valeur des mots et le savant entraîné aux recherches de précision.

Ce grand et beau vieillard, dont nous avions été si heureux de fêter les quarante années d'Académicien, réalisait votre idéal social du père d'une nombreuse et florissante famille, au milieu de laquelle son autorité régnait par le respect et la bonté.

C'est par une froide après-midi d'hiver que je me présentai à lui pour la première fois, très intimidé en ma démarche de solliciteur académique. Le château endormi dans une brume glacée avait pris la mélancolique tonalité d'un souvenir des époques lointaines, alors que l'envahissante modernité industrielle semblait faire déjà le siège de cette réminiscence du Trianon — contraste de civilisation, contraste de races!

Drapé dans son vêtement de travail, le maître de la maison vint bientôt, et son affabilité, calme et sincère, réchauffa en peu d'instants le salon aux larges baies qui s'assombrissait doucement.

Il me reconduisit sur le vaste perron, sous les colonnades, puis, je vis disparaître dans une sorte de mystère cette demeure où, aussi bon prosateur que poète exquis, il semblait avoir choisi la meilleure des retraites pour achever sa laborieuse vie dans l'affection des siens et dans le perpétuel contact avec la nature.

Vous avez cité en détail toutes ses œuvres, au moins les plus importantes. Permettez-moi d'y ajouter ce soir une page beaucoup plus modeste, mais qui vous plaira, car le sentiment primordial de la paternité que vous avez si puissamment décrit y est tendrement chanté.

Que Madâme de Mégret veuille bien recevoir l'hommage de ma respectueuse gratitude pour cette précieuse communication.

UN PÈRE A SES FILLES

Aux épis d'or semés par une main divine
Dans le céleste champ plein d'azur et de feux,
Je préfère à mon front ta bouche purpurine,
    O ma brune aux yeux bleus !

Tous les trésors de l'Inde entassés pour me plaire,
Ses radjahs à mes pieds implorant mon pouvoir,
Que vaudraient-ils sans toi, dans le cœur de ton père,
    O ma blonde à l'œil noir !

    L'une, c'est la fleur presque éclose,
    L'autre, aussi rose que la rose,
    Est un lutin aussi brouillon
    Que son ami le Papillon.
    L'aînée est une vierge pâle,
    Presque aussi pâle que l'opale
    Dans la pénombre des boudoirs.
    Pour moi toutes les deux sont belles;
    L'une a deux saphirs pour prunelles,
    Et l'autre, deux diamants noirs.

O mes anges aimés ! Perles que ma jeunesse
Enfouit dans mon cœur comme un bien précieux,
Vous saurez faire luire, au soir de ma vieillesse,
Deux rayons radieux !

O mes anges aimés ! Des sphères éternelles,
Votre mère sans doute ayant bravé la loi,
Sut vous ravir du ciel, vous couper les deux ailes
Pour vous donner à moi !

Ce beau rêve ne devait pas se réaliser.

A l'âge où l'on songe au départ, mais où, en revanche, il est doux d'assister à l'épanouissement de sa lignée, ce père vénéré traversa la plus cruelle épreuve de sa vie. Une de ces filles bien aimées, dont les soins quotidiens faisaient partie de son existence, lui fut enlevée soudainement.

Ame fortement trempée, il puisa dans sa réserve d'énergie, dans sa sereine philosophie, dans ses idées religieuses la résistance nécessaire pour rester debout, mais en réalité le coup mortel était donné.

Un accident fortuit devait amener l'issue fatale que sa banalité ne pouvait laisser craindre; il était prêt à rejoindre la chère disparue, avec laquelle une correspondance lointaine avait dû s'établir. Il répondit à son appel... Mystère de l'au delà dont vous avez, Monsieur, cité des exemples, bien fait pour entretenir dans nos âmes le trouble que personne d'humain n'est encore venu dissiper.

En attendant de pénétrer nous-mêmes dans l'inconnu, la science que vous avez choisie pour guide multiplie ses investigations et précise ses procédés; l'Académie a reconnu en vous un pionnier dont elle enregistrera, non parfois sans une certaine réserve, les initiatives hardies, dans tous les cas, elle applaudira à vos sincères efforts.

LISTE

DES

PRIX DÉCERNÉS PAR L'ACADÉMIE

Pour les Concours de l'année 1906.

PREMIÈRE PARTIE

I. — **Ouvrages reçus par l'Académie.**

II. — **Résultats des Concours ouverts pour l'année 1906.**

I

L'Académie a reçu les ouvrages suivants, soit pour les concours ouverts en 1906, soit pour l'obtention des récompenses accordées en vertu de l'article 48 de son Règlement, soit enfin à titre d'hommage :

FONDATION DE LA GRANGE

Numismatique.

Collection du général Lamarque, à Saint-Sever-sur-l'Adour (Landes), manuscrit.

> *Devise :* Cujus est hæc imago et superscriptio ?
> Et dicunt ei : Cæsaris !

PRIX DE LA VILLE DE BORDEAUX

Prix d'éloquence.

Éloge de Balguerie-Stuttenberg, manuscrit.

> *Devise :* Pour aimer son pays, il faut le connaître.

PRIX DE L'ACADÉMIE

1° Histoire.

1° *Étude sur le Monténégro*, manuscrit en latin, par M. le Dr Milan-Paul Jovanovic.

2° *Promenades d'un médecin à travers l'histoire*, par M. le Dr Barraud, un volume.

3° *Habas, son histoire*, par M. l'abbé Daugé, curé de Beylongue (Landes), un volume.

2° Agriculture.

Exposé des progrès accomplis récemment et des améliorations à apporter dans l'exploitation du pin maritime et l'industrie des produits résineux, manuscrit.

Devise : Acta non verba.

3° Archéologie.

Œuvres archéologiques de M. Alexandre Nicolaï, brochures.

4° Médecine.

Cure marine de la tuberculose pulmonaire, par MM. les Drs Louis et Paul Murat, de Marseille, un volume.

5° Économie politique et Géographie.

1° Œuvres [économiques de M. Alexandre Nicolaï, brochures.

2° *Les Œuvres post-scolaires*, par M. Godefroy Ratton, un volume.

3° *La Côte d'Argent*, par M. Maurice Martin, un volume.

6° Beaux-Arts.

Méthode pour apprendre à enseigner le piano, par Mme Paula Barillon-Bauché.

7° Littérature et Poésie.

1° *Fleurs de jeunesse,* manuscrit.

Devise : Quand même.

2° *Versiculets,* manuscrit.

Devise : Fluctuat nec mergitur.

3° *Œuvres complètes de saint Ennodius,* traduction française de M. l'abbé Léglise, curé de Gensac (Gironde), 1er volume.

4° *Les Estivales,* par M. Gaston Sézalory, un volume.

5° *La Jeune Hirondelle,* poésie manuscrite, par M. Méfiant.

6° *Le Retour d'Oreste,* poème dramatique en vers, par M. Guérin aîné, de Bassens (Gironde), un volume.

7° *Le Chien de l'aveugle,* quatre sonnets manuscrits.

Devise : But a little thing.

8° *Pierre Corneille, à l'occasion du troisième centenaire de sa naissance,* poème manuscrit.

Devise : Appelé en témoignage devant les juges rouennais, etc.

9° *Boieldieu,* poésie manuscrite.

Devise : Les vers doublent le prix de la pensée.

10° *Pays de Saintonge,* poésies, par M. Pierre Ardouin, un volume.

11° *Le Passage de Louis XIV à Bordeaux,* manuscrit, par M. Didier France.

12° *Quelques sonnets,* manuscrit.

Devise : Charme des lacs sacrés où la lune frissonne,
Lorsque le gong d'airain dans le temple résonne,
Nuits de féerie....

13° *Lever de rideau : chez M. le Ministre de l'Instruction publique et des Beaux-Arts*, revue comique et typique en un acte.

Devise ; Quoique malheureux,
C'était l' temps heureux.

14° *Un cent d'Algéroises*, poésies par M. René Laporte, de Marseille, un volume.

15° *Un quarteron de sonnets cingalhais*, manuscrit.

Devise : Devine, si tu peux !

16° *La Pierre merveilleuse ; Prière d'une mère*, deux plaquettes.

Devise : Quid prodest?

17° *La Félure*, pièce en deux actes et en vers ; manuscrit.

Le Rayon, pièce en un acte et en vers, manuscrit.

Devise : On ne vit point assez pour profiler
de ses fautes.

18° *Premier Essor*, poésies manuscrites.

Devise : Aimez-vous les uns les autres.

19° *Les Girondins*, poésies manuscrites.

Devise : Amis, faisons des vers pour rien, pour le plaisir.

20° *La Voix des cigales*, poésies manuscrites, par M. Jean de La Rocca.

21° *Mosaïque*, poésies manuscrites.

Devise : Thing of beauty...

22° *Poésies*, manuscrites.

Devise : Tout pour Dieu et la nature.

23° *Nouvelles en prose*, manuscrit, par M. Hermann Derose.

24° *La Mort de Pascal Duprat*, poème manuscrit.

Devise : Servir la France jusqu'à la mort.

OUVRAGES REÇUS A TITRE D'HOMMAGE

1° *A Léon Gambetta, à l'occasion de l'inauguration du monument élevé à sa mémoire à Bordeaux*, poésie, par M. Paul Hugues, deux exemplaires.

2° *Le garde des sceaux Lamoignon et la réforme judiciaire de 1788*, par M. Marion, un volume.

3° *Propriété des dunes de Gascogne*, par M. Brutails.

4° *Du nantissement des privilèges et hypothèques et de l'expropriation forcée*, par M. de Loynes, trois volumes.

5° *Les Piliers de Tutelle*, par M. Céleste.

6° *Nicolas Beaujon et la chapelle Saint-Nicolas-du-Roule*, par M. G. Labat.

7° *Chambord*, par le même.

8° *Une visite à la Bibliothèque nationale*, par le même.

9° *Aquarelles d'Espagne*, par M. Durègne.

10° *A Rome, vers l'an 60 de notre ère*, par M. de Bordes de Fortage.

11° *Quatre lettres inédites d'Alfred de Vigny*, par le même.

12° *L'Héliaste*, farce judiciaire en un acte et en vers, par M. Paul Gautier.

13° *La Côte d'Argent*, par M. Maurice Martin, un volume illustré.

14° *Le grand schisme dans l'Occident,* par M. l'abbé Calmet, un volume.

15° *Notice sur un crâne ancien de la race de Cro-Magnon,* découvert à Cournon *(Puy-de-Dôme),* par M. l'abbé Perignet.

16° *A Madame Anselme Léon; A ma femme deux fois bisaïeule,* sonnets par M. le Dr Garat.

17° *Le buste de Montesquieu de J.-B. Lemoyne,* par M. Céleste.

18° *Une ancienne mine d'antimoine dans le Limousin aurifère,* technologie de l'antimoine, par M. Georges Hivert.

19° *Montesquieu, ses amis, sa famille, ses correspondants,* par M. Charles Avezac-Lavigne, un volume.

20° *Ostende centre d'art, conférence inaugurale; Salon des Beaux-Arts d'Ostende,* par M. Edmond Picard, deux brochures.

21° *Études ethnographiques,* par M. le Dr E. Verrier, un volume.

22° *Œuvres poétiques,* de M. le vicomte de Borrelli, 7 vol. in-8° et in-18, grand papier, maroquin janséniste (Mercier-Cuzin).

23° *In memoriam,*

Kasiwadé, conte japonais.

Deux manuscrits autographes de M. le vicomte de Borrelli, reliés en vélin, offerts par Mme la vicomtesse de Borrelli.

24° *Étude spectroscopique des étoiles nouvelles,* par M. Nodon, docteur ès sciences; deux exemplaires.

25° *La Peste bovine et l'Académie,* par M. Baillet.

II

Après avoir entendu les rapports qui lui ont été présentés sur les ouvrages soumis à son examen, et après avoir pris l'avis de la Commission générale des concours, l'Académie a décerné les prix et les récompenses suivants :

FONDATION CARDOZE

Le prix triennal des livres de cette fondation à M. Jugla, directeur d'école à Pauillac (Gironde).

PRIX DE L'ACADÉMIE

1° Histoire.

1° Une MÉDAILLE D'ARGENT à M. le Dr J. Barraud, pour un volume intitulé : *Promenades d'un médecin à travers l'histoire.*

2° Agriculture.

Une MÉDAILLE D'OR à M. Vèzes, professeur à la Faculté des sciences, auteur d'un manuscrit ayant pour titre : *Exposé des progrès accomplis récemment, et des améliorations à apporter dans l'exploitation du pin maritime et l'industrie des produits résineux.*

3° Géographie, Économie politique.

1° Une MÉDAILLE D'ARGENT à M. Maurice Martin, pour son ouvrage : *La Côte d'Argent.*

2° Une MÉDAILLE D'ARGENT à M. A. Nicolaï, pour les publications suivantes : *Le Repos hebdomadaire; Centenaire de Richard Cobden; Le bon vieux temps.*

3° Une MÉDAILLE DE BRONZE à M. Godefroy Ratton, pour un volume ayant pour titre : *Les Œuvres postscolaires.*

4° Numismatique.

Un MENTION HONORABLE à M. l'abbé Daugé, curé de Beylongue (Landes) pour son catalogue manuscrit : *Collection du général Lamarque à Aire-sur-Adour.*

5° Médecine.

Une MÉDAILLE D'ARGENT à MM: les docteurs Louis et Paul Murat, de Marseille, auteurs d'un volume intitulé : *Cure marine de la tuberculose.*

6° Beaux-Arts.

Une MÉDAILLE D'ARGENT à Mme Paula Barillon-Bauché, auteur d'une *Méthode pour apprendre à enseigner le piano.*

8° Littérature et Poésie.

1° Une MÉDAILLE D'OR à M..l'abbé Léglise, curé de Gensac (Gironde), pour sa traduction française des *Œuvres complètes de saint Ennodius*, 1er volume.

2° Une MÉDAILLE D'OR à M. Pierre Ardouin, auteur d'un volume de poésies ayant pour titre : *Au pays de Saintonge.*

3° Un RAPPEL DE MÉDAILLE D'OR à M. Henri-René Lafon, auteur d'un recueil de vers manuscrit intitulé : *Mosaïque.*

4° Un RAPPEL DE MÉDAILLE D'OR à M. Paul Rabot

pour sa pièce manuscrite en deux actes et en vers :
La Fêlure.

5° Un RAPPEL DE MÉDAILLE D'ARGENT à M. Jean de
La Rocca pour son recueil de vers manuscrit : *La Voix
des cigales.*

6° Une MENTION TRÉS HONORABLE à M. René Delaporte,
de Marseille, pour son volume de vers : *Un cent d'Algéroises.*

7° Une MENTION HONORABLE à M. Guérin aîné, pour
un poème dramatique intitulé : *Le Retour d'Oreste.*

8° Une MENTION HONORABLE à M. Hermann Derose,
auteur d'un recueil manuscrit de *Nouvelles en prose.*

DEUXIÈME PARTIE

Concours ouverts pour l'année 1908
et les années suivantes.

———

FONDATION FAURÉ

Un des membres les plus regrettés de l'Académie,
M. Fauré, voulant donner un dernier témoignage de
l'intérêt qu'il avait toujours porté aux travaux de la
Compagnie, a, par son testament en date du 30 mars
1868, fait la disposition suivante :

« Je donne et lègue à l'Académie des Sciences, Belles-Lettres et Arts de
» Bordeaux, à laquelle je m'honore d'appartenir, un coupon de 50 fr. de
» rente 3 %, pour fonder un prix de 300 fr. à décerner tous les six ans au
» meilleur Mémoire sur une question posée par l'Académie, intéressant le
» bien-être de la population peu aisée de notre ville. L'Académie sera
» seule appelée à juger de la valeur de ces Mémoires. »

L'Académie met au concours la rédaction d'un mémoire sur la question suivante :

« Résumé des règles de l'hygiène intéressant la population ouvrière de Bordeaux. »

Le prix sera décerné, s'il y a lieu, en 1912.

Les ouvrages destinés à ce concours devront être parvenus au secrétariat de l'Académie le 31 décembre 1912
au plus tard.

FONDATION DE LA GRANGE [1]

M. le marquis Lelièvre de La Grange et de Fourille, membre de l'Académie, par testament olographe du 14 août 1871, visé par décret du 20 octobre 1880, a légué à la Compagnie :

Une rente de *six cents francs* « destinée à fonder un prix annuel, sous
» le nom de *Prix de M. le marquis de La Grange*, qui sera décerné *alter-*
» *nativement* à l'auteur du meilleur livre ou mémoire sur la langue
» gasconne dans ses phases diverses, ses poésies, sa prose, et à l'auteur du
» meilleur livre ou mémoire sur la numismatique de nos provinces méri-
» dionales. »

En conséquence, l'Académie décernera les prix suivants :

Concours de 1908 : 900 francs pour la numismatique.
Concours de 1909 : 900 francs pour la linguistique.

---

(1) Dans sa séance du 8 juin 1905, l'Académie a pris la délibération suivante :

« ARTICLE PREMIER. — Pour les concours de la fondation La Grange le choix des sujets est laissé aux auteurs dans les limites fixées, toutefois, par le fondateur de ces concours.

» ART. 2. — Le Secrétaire général de l'Académie est invité à donner à l'annonce des prix la plus large publicité, en faisant appel au bienveillant concours des directeurs des journaux de la région et des revues scientifiques consacrées à la linguistique, à la numismatique et à l'archéologie.

» ART. 3. — Le délai accordé aux concurrents est de deux années. Les mémoires devront être déposés, à peine de déchéance, au secrétariat de l'Académie, le 31 décembre au plus tard.

» ART. 4. — Les ouvrages imprimés dont les auteurs désirent prendre part au concours de la fondation La Grange devront pareillement être déposés, sous peine de déchéance, au secrétariat de l'Académie, le 31 décembre au plus tard.

» ART. 5. — Si aucun des mémoires ou livres déposés n'est jugé digne du prix et que cependant l'un d'eux ait une valeur suffisante pour mériter une récompense, l'Académie pourra, à titre d'encouragement, lui attribuer une portion du prix total.

» ART. 6. — Les sommes restées sans emploi seront mises en réserve pour accroître l'année suivante la valeur ou le nombre des prix décernés par l'Académie au nom de M. le marquis de La Grange.

» ART. 7. — Les articles 45, 46 et 47 du Règlement général de l'Académie s'appliquent aux prix de la fondation La Grange. »

Les ouvrages destinés à ces concours devront être parvenus au secrétariat de l'Académie : pour la numismatique, le 31 décembre 1908, dernier délai; pour la linguistique, le 31 décembre 1909, dernier délai.

A défaut de travaux sur la langue gasconne et la numismatique jugés dignes des prix en 1908 et 1909, l'Académie est autorisée à décerner ces prix à un mémoire d'archéologie locale ou régionale.

FONDATION CARDOZE

M. Cardoze (Salomon-Antoine-Amédée) a, dans son testament du 2 janvier 1880, inséré une disposition ainsi conçue :

« En outre des legs qui viennent d'être énoncés, il sera remis à l'Aca-
» démie de Bordeaux un titre de rente au capital de 10,000 fr., pour la
» fondation de deux prix comme il est dit ci-après :
» 1º Un prix quinquennal de la valeur des intérêts accumulés de la
» somme de 6,000 fr., pour être décerné à l'auteur d'actes jugés les plus
» méritoires, soit d'ordre moral ou matériel, et accomplis dans l'arrondis-
» sement de Bordeaux.
» 2º Avec les intérêts du surplus de la somme léguée, soit 4,000 fr.,
» tous les trois ans, l'Académie fera un choix de bons livres qu'elle offrira
» à l'instituteur primaire le plus méritant du département. — Partie de
» ces livres lui sera donnée en toute propriété; l'autre moitié restera à
» l'école. »

L'Académie a été autorisée, par décret de M. le Président de la République en date du 12 mars 1888, à accepter le legs de M. Cardoze.

Le premier de ces prix, d'une valeur de 1,000 francs, sera décerné en 1909. Le deuxième sera décerné, s'il y a lieu, en 1909.

FONDATION BRIVES-CAZES

M. Brives-Cazes (Joseph-Émile), conseiller à la Cour d'appel de Bordeaux et membre de l'Académie, a fait, par un testament du 14 janvier 1877 et par un codicille du 31 octobre 1882, la disposition suivante :

« Je lègue à l'Académie le capital d'une rente de 250 fr. sur l'État. Cette
» rente est destinée à fonder un prix de 500 fr. qui sera donné tous les
» deux ans au meilleur travail présenté à l'Académie pendant la période
» bisannuelle précédente, sur un sujet relatif à l'histoire de la région du
» Sud-Ouest (ancienne Aquitaine), et plus particulièrement de Bordeaux.
» Mes trois médailles d'or serviront à faire les frais d'un coin spécial gravé
» pour cette fondation. »

L'Académie a été autorisée, par décret du 18 mai 1889, à accepter le legs de M. Brives-Cazes.

Ce prix sera décerné en 1909.

Les ouvrages destinés à ce concours devront être parvenus au secrétariat de l'Académie le 31 décembre 1909 au plus tard.

FONDATION ARMAND LALANDE

M. Armand Lalande fils et M. et Mme Lawton, née Lalande, se conformant aux dernières volontés de M. François-Louis-Marie-Armand Lalande, leur père et beau-père, ancien président de la Chambre de commerce de Bordeaux et ancien député de la Gironde, lequel désirait la création d'un prix destiné à l'auteur du meilleur livre écrit pour démontrer aux aveugles et aux incrédules la certitude de l'existence de Dieu, ont, par acte du 13 janvier 1897, retenu par M° Peyrelongue, notaire à Bordeaux, fait donation à l'Académie d'une somme de 20,000 fr. dont les intérêts, *déduction faite des frais,* doivent servir à la fondation d'un prix quinquennal sous le nom de PRIX ARMAND LALANDE, qui serait décerné à *l'ouvrage écrit et publié dans cette période, qui tendrait soit directement, soit indirectement, à la démonstration de l'existence de Dieu par la défense de la doctrine spiritualiste en opposition avec les idées matérialistes et positivistes.* Cette donation, autorisée par décret de M. le Président de la République du 31 juillet 1897, a été acceptée, par acte authentique passé devant M° Peyrelongue, notaire, le 30 novembre 1897.

Ce prix, d'une valeur de 2,500 francs, sera décerné en 1912.

Les ouvrages destinés à ce concours devront être parvenus au Secrétariat de l'Académie le 31 décembre 1912 au plus tard.

PRIX DE LA VILLE DE BORDEAUX

Prix d'éloquence.

« Le Conseil municipal de Bordeaux a délibéré, le 20 février
» 1885, qu'une somme de 500 francs était allouée à l'Académie
» des Sciences, Belles-Lettres et Arts de Bordeaux pour le
» rétablissement du prix d'éloquence, lequel prix sera exclusi-
» vement affecté à l'éloge des illustrations bordelaises dont le
» choix est réservé à ladite Académie. »

L'Académie met au concours de 1908 : l'*Éloge de Balguerie-Stuttenberg.*

Les ouvrages destinés à ce concours devront être parvenus au Secrétariat de l'Académie le 31 décembre 1908 au plus tard.

PRIX DE L'ACADÉMIE [1]

1° Histoire.

L'Académie met au concours les sujets suivants :

1° « Notice biographique sur un des hommes remar-
» quables qui ont appartenu à cette province. »

---

[1] Pour les conditions du concours, voir page 163.

2° « Monographie de l'ancienne paroisse Saint-Remi
» de Bordeaux, d'après les titres originaux et les monu-
» ments. »

3° « Histoire de l'amirauté de Guyenne. »

4° « Étude sur la situation des personnes du Sud-
» Ouest et des terres dans une paroisse rurale aux
» XVIIᵉ et XVIIIᵉ siècles, surtout d'après les minutes des
» notaires. »

5° « Étudier, d'après les documents originaux, l'admi-
» nistration et le rôle d'un archevêque de Bordeaux au
» moyen âge, Pey Berland excepté. »

6° « Dresser un état des documents sur l'histoire de
» Bordeaux et de la province, gardés en dehors de la
» Gironde, notamment dans les dépôts de Paris, Londres
» et Rome. »

7° « Monographie de l'initiative privée bordelaise en
» matière charitable de saint Paulin à nos jours. »

2° Archéologie locale.

L'Académie récompensera le meilleur livre ou mémoire
d'archéologie locale.

Elle accueillera de préférence :

1° « Des monographies d'un des anciens monuments
» de la Guyenne, — églises, monastères, châteaux, etc. »

2° « Des monographies, au point de vue archéologique,
» des villes ou communes de l'ancienne province de
» Guyenne. »

3° Agriculture.

1° Recherche des procédés pratiques et économiques
d'accroissement de la valeur alimentaire des fourrages.

2° Étude complète d'un des nouveaux cryptogames
parasites de la vigne.

3° Étude sur les maladies du vin.

4° Dresser la carte agronomique de l'un des arrondissements suivants de la Gironde : Bordeaux, Libourne, Blaye, La Réole, ou de l'un des cantons ou de l'une des communes de ces arrondissements (1).

5° Étude sur l'influence, au point de vue économique et social, de l'automobilisme sur la production et l'élevage du cheval en France.

6° La culture des céréales peut-elle être lucrative dans la Gironde? A quelles conditions?

7° De l'utilisation du sucre dans l'alimentation animale et des modifications à apporter à la législation pour rendre cette alimentation économique.

4° Physique.

L'Académie met au concours le sujet suivant :
Principes, progrès, état actuel de l'aviation.

5° Physiologie.

L'Académie met au concours le sujet suivant :
« Indiquer les conditions physiologiques et techniques
» d'où dépend la gravité des accidents causés par les
» applications de l'électricité industrielle. »

---

(1) L'Académie désire que les natures physique et chimique du sol et même celles du sous-sol, lorsque celui-ci est rapproché de la surface, y soient indiquées clairement, aussi bien, si cela est possible, que leur origine géologique et que le relief du terrain. Cette carte devra être complétée par une série d'analyses physiques et chimiques des principaux types de sols et de sous-sols suffisant à établir, s'il y a lieu, des lois générales qui permettraient de déterminer, sans autre donnée, le genre de culture, la composition de la fumure, etc., qui seraient applicables dans chaque cas particulier.

6° Économie politique.

Trusts et cartels.

7° Beaux-Arts.

L'Académie met au concours les sujets suivants :

1° « Étude de l'influence de l'École française du
» XVIIIe siècle sur la peinture moderne. »

2° « Étudier les origines et les évolutions du paysage
» contemporain en France. »

3° « Étude sur les façades des maisons construites
» dans la ville de Bordeaux à l'époque de Louis XVI. »

4° « Étude sur la transformation du rôle de l'archi-
» tecte, avec les progrès des procédés de construction et
» avec les nécessités nouvelles résultant pour l'habitation
» des changements survenus dans la vie sociale. »

5° « Esquisse d'une histoire du romantisme dans une
» province française. »

6° « Étude sur le miniaturiste bordelais *de Abbate*
» d'après le manuscrit de la Bibliothèque nationale
» (XVe siècle). »

L'Académie récompensera, en outre, les meilleurs
travaux relatifs à l'histoire des arts (architecture, peinture, sculpture, gravure et musique) dans l'ancienne
province de Guyenne.

8° Poésie.

L'Académie décernera des récompenses aux auteurs
des pièces de poésie qui lui paraîtront dignes d'une
distinction.

CONDITIONS DU CONCOURS

Les pièces destinées à concourir pour les prix proposés par l'Académie devront remplir les conditions suivantes :

1° Être écrites en français ou en latin.

2° Être rendues au Secrétariat de l'Académie, Hôtel de l'Athénée, rue des Trois-Conils, 53, avant le 31 décembre de chaque année, irrévocablement.

3° Elles devront être affranchies.

4° Les pièces ne devront point être signées de leurs auteurs, ni renfermer aucune indication qui puisse les faire connaître.

5° Elles porteront une épigraphe.

6° Cette épigraphe sera répétée sur un billet cacheté annexé à la pièce à laquelle elle se rapportera. Ce billet contiendra encore l'épigraphe, plus le nom et l'adresse de l'auteur de la pièce, avec la déclaration *qu'elle est inédite, qu'elle n'a jamais concouru, qu'elle n'a été communiquée à aucune Société académique.*

Toute pièce venant d'un auteur qui aurait préalablement fait connaître son nom serait, par ce seul fait, mise hors concours. *Cette mesure est de rigueur.*

Les billets cachetés ne seront ouverts que dans le cas où les pièces auxquelles ils seraient joints auraient obtenu une récompense académique.

Sont exemptés de l'observation des formalités précitées : 1° les travaux des aspirants aux médailles d'encouragement (art. 48 du Règlement) et aux prix dont l'obtention aurait exigé des recherches locales, ou des procès-verbaux d'expériences qu'ils auraient faites eux-mêmes; 2° les livres envoyés aux concours ouverts pour la *Fondation de La Grange*.

Sont admis à concourir : les étrangers et les régnicoles, même ceux de ces derniers qui appartiennent à l'Académie à titre de membres correspondants.

7° L'Académie s'interdit toute discussion sur les questions politiques ou religieuses : les concurrents sont priés de tenir compte de cette prescription dans les travaux qu'ils voudront bien lui adresser.

EXTRAIT DU RÈGLEMENT DE L'ACADÉMIE

Aʀᴛ. 45. — Les mémoires et autres travaux envoyés au concours sont confiés par le Président, en assemblée générale, à des Commissions spéciales (¹).

Aʀᴛ. 46. — Aussitôt que l'Académie a rendu sa décision sur chaque question, et lorsqu'il y a lieu de décerner des prix ou des mentions honorables, le Président procède, en assemblée générale, à l'ouverture des billets cachetés annexés aux ouvrages couronnés.

Les billets des ouvrages qui n'ont obtenu ni prix ni mention honorable sont détachés des Mémoires, scellés par le Président et conservés par l'Archiviste.

Les auteurs des ouvrages couronnés sont immédiatement informés de la décision de l'Académie.

Les décisions de l'Académie, sur tous les sujets de prix, sont rendues publiques.

(¹) Sur la proposition du Conseil, l'Académie a pris, le 14 janvier 1875, la décision suivante :

« Toutes les fois que le rapporteur d'une Commission chargée de » l'examen d'un travail envoyé au concours conclut à une récompense, le » Président consulte l'assemblée générale sur le seul point de savoir » *si elle prend ces conclusions en considération.*

» S'il y a vote affirmatif, le Président renvoie l'examen de ces conclu-» sions à une Commission spéciale, composée des membres du Conseil et » de tous les rapporteurs des concours ; en cas d'empêchement de l'un » d'eux, il sera remplacé par un membre de la majorité de la Commission.

» Cette Commission spéciale, après que la clôture des concours a été » prononcée en assemblée générale, procède au classement des travaux » proposés pour une récompense, en tenant compte de leur valeur rela-» tive. Elle dresse en conséquence, après avoir consulté le Trésorier, un » état des récompenses à proposer à l'assemblée générale.

» Cette assemblée arrête enfin, après avoir entendu le rapport de la » Commission, la liste des travaux récompensés. »

Art. 47. — Les manuscrits et toutes les pièces justificatives de quelque nature qu'elles soient, adressés à l'Académie pour le Concours, restent aux archives, tels qu'ils ont été cotés et paraphés par le Président et le Secrétaire général, et ne peuvent, dans aucun cas, être déplacés. Toutefois, l'Académie ne s'arrogeant aucun droit de propriété sur les ouvrages, les auteurs peuvent en faire prendre copie aux archives, après avoir prouvé, néanmoins, que ces travaux leur appartiennent.

Art. 48. — Indépendamment des prix dont les sujets sont déterminés dans le Programme annuel, l'Académie accorde des médailles d'encouragement aux auteurs qui lui adressent des ouvrages d'un mérite réel, et aux personnes qui lui font parvenir des documents sur les diverses branches des sciences, des lettres et des arts.

Art. 49. — L'Académie peut également décerner un prix à celui des membres correspondants qui aura le mieux mérité de l'Académie, par l'utilité de ses communications et l'importance des travaux qu'il lui aura soumis.

Bordeaux, le 28 décembre 1907.

Le Président,

Frédéric VASSILLIÈRE.

Le Secrétaire général,

Louis de BORDES de FORTAGE.

COMPTE RENDU DES SÉANCES

COMPTE RENDU

DES SÉANCES

de l'Académie nationale des Sciences, Belles-Lettres et Arts de Bordeaux

RÉDIGÉ PAR LE SECRÉTAIRE GÉNÉRAL.

ANNÉE 1906

SÉANCE DU 11 JANVIER 1906.

Présidence de M. de LOYNES, Président.
M. BAILLET, Président sortant.

Les procès-verbaux des séances des 14 et 28 décembre sont lus et approuvés.

Le Secrétaire général dépouille la correspondance :

MM. Cabrit, Jullian, Labat et Micé se font excuser. Mlle Valentine Faure, MM. Crouzel, Derose, Paul Rabot et Traversier remercient l'Académie des récompenses qui leur ont été décernées.

Invitation de la Société des Sciences physiques et naturelles de Bordeaux à la séance solennelle dans laquelle, le 15 janvier, à huit heures et demie du soir et à l'Amphithéâtre de la Faculté des sciences, sera célébré le cinquantenaire de la fondation de cette Société. Remerciements.

Envois parvenus au 31 décembre 1905 :
Essai sur l'administration générale d'un district

pendant la Révolution : le district de Cadillac (10 juillet 1790-15 frimaire an IV), manuscrit avec cette devise :

Temperat intemperantem.

Au Bois joli, poésies manuscrites, par M. Jean de la Rocca.

Extrait du chant des miséreux, manuscrit. Devise :

Assieds-toi de travers, mais parle droit.

Arc-en-ciel, poésies manuscrites. Devise :

Sursum corda.

Corneille, en l'honneur de son troisième centenaire, manuscrit. Devise :

Le seul bruit de mon nom renverse les murailles.
CORNEILLE.

L'Enfant adorable, nouvelle manuscrite, par M. Hermann Derose.

Eloge du Président de Gourgue, manuscrit. Devise :

Juvenes fortuna juvat.

Un coin du Béarn : Salies, manuscrit, par S. Trabucq, ex-professeur de l'Université.

Un coin du Fronsadais, par M. l'abbé E.-M. Lamartinie, un volume imprimé.

Germes et Fleurs, poésies manuscrites. Devise :

Fleur du printemps, croissant au soleil des étés,
Ton esprit, inspiré de l'antique sagesse,
Cherchera-t-il, toujours, les nobles vérités?
Mᵐᵉ C. MAZOYER.

17 Septembre 1905 : Saint-Dizier, poésie imprimée, par M. L.-A. Mourot.

Les Heures qui passent, poésies manuscrites. Devise :

> Vis, si tu peux, dans l'Éternel,
> L'heure qui passe.
>
> SAMAIN.

Sentiers perdus, poésies manuscrites. Devise :

> *Sta viator.*

Bianca Heurtrel, comédie manuscrite en trois actes et en vers.

Les Mois, douze sonnets manuscrits.

Au Seuil du repos, pièce en un acte et en vers. Ces trois envois portent la devise suivante :

> Le théâtre doit faire de la pensée le pain de la foule.
>
> Victor Hugo.

Suite à mes premiers chants, poésies manuscrites. Devise :

> On pardonne tant que l'on aime.

Tous ces envois seront répartis entre les Commissions compétentes.

On passe à l'ordre du jour :

M. Baillet, président sortant, prononce le discours suivant :

MESSIEURS,

Me voici arrivé au terme de mon mandat, et je vais remettre la présidence de l'Académie à mon honorable successeur, M. de Loynes, avec l'espoir d'avoir fait tout mon possible pour rester à la hauteur de la mission que vous m'aviez confiée. Ai-je réussi? C'est à vous seuls d'en juger. Dans tous les cas, je vais reprendre ma place au milieu de vous avec le plus grand désir de me livrer à de nouveaux travaux dignes de notre Compagnie.

J'ai pris la présidence, vous le savez, Messieurs, dans des conditions difficiles; je succédais à un collègue des plus distingués par son talent oratoire, à M. Roy de Clotte, qui, dernièrement encore, recueillait nos applaudissements pour son rapport verbal relatif au prix d'éloquence, rapport d'autant plus remarquable qu'il a été conçu en un temps rendu très court par le décès inattendu de celui qui avait reçu tout d'abord mission de le présenter. D'autre part, Messieurs, il faut convenir que la succession est lourde, lorsqu'il s'agit de remplacer des collègues tels que MM. de Pelleport, Froment, Demons, de Sèze, et tant d'autres dont les noms m'échappent.

Grâce à votre amabilité, la tâche m'a été rendue facile, mais je dois ajouter que j'avais à côté de moi un conseiller, un secrétaire général modèle, que je ne crains pas d'appeler la cheville ouvrière de l'Académie, un guide précieux que nous avons vu, avec plaisir, résister aux atteintes d'une affection qui menaçait tout au moins de l'éloigner, pendant quelque temps, de nos travaux. Personnellement, je le remercie sincèrement de son concours dévoué.

Chaque année, Messieurs, voit s'éteindre malheureusement quelques-uns d'entre nous; c'est ainsi que 1905 a enlevé successivement à notre amitié trois collègues pour lesquels nous professions la plus grande estime et la plus profonde vénération. L'Académie aura donc à pourvoir à leur remplacement, et j'exprime le vœu que ce remplacement soit fait en tenant compte des vides existant dans quelques-unes des sections dont se compose notre Compagnie. En présence des progrès incessants accomplis aujourd'hui dans les sciences, les lettres et les arts, il importe, à mon avis, que chacune de ces branches soit suffisamment représentée pour faire face à l'examen des travaux variés qui nous sont envoyés.

A côté de nos peines, nous avons eu la satisfaction de voir, pendant l'année qui vient de s'achever, trois de nos collègues, MM. Dezeimeris, Vassillière et Gayon, être l'objet de distinctions flatteuses, récompenses bien méritées pour les nombreux services qu'ils ont rendus à l'agriculture dans le département de la Gironde. En votre nom, Messieurs, et en mon nom personnel, je suis heureux de renouveler à nos collègues nos amicales félicitations.

Permettez-moi aussi, Messieurs, d'être votre interprète en exprimant la satisfaction que nous avons tous éprouvée à l'annonce de la nomination de notre savant collègue, M. Jullian, au titre de professeur au Collège de France. A cette satisfaction s'ajoutént, à la fois, un sentiment d'orgueil pour l'Académie de Bordeaux, heureuse de compter parmi ses membres un savant sur lequel s'est porté le choix du Gouvernement pour un poste aussi important, et l'espoir que, malgré son éloignement, M. Jullian ne manquera pas de nous communiquer quelques-uns de ces remarquables travaux auxquels il nous a habitués jusqu'ici.

Quant à notre collègue M. Gustave Labat, dont nous déplorons le départ, son dernier envoi nous fait espérer que son séjour dans la Ville-lumière ne lui fera pas oublier son attachement à l'Académie de Bordeaux.

Personnellement, je vous remercie, Messieurs, des communications que vous avez bien voulu faire pendant le cours de l'année 1905, communications assez nombreuses, assez importantes et assez variées pour avoir donné à nos séances un intérêt toujours croissant, et je ne puis que m'excuser, en ce qui me concerne, pour les nombreuses circonstances où j'ai été appelé à prendre la parole devant vous. Mais, en usant de ce privilège pour la dernière fois, à titre de président, je suis heureux de transmettre le fauteuil à un collègue que je connais depuis longtemps et dont j'ai pu, même en dehors de cette enceinte, apprécier les qualités administratives et le dévouement pour de nobles causes. Permettez-moi, mon cher Collègue, de rappeler aussi le bon souvenir que j'ai gardé de votre ami, dont vous fûtes le collaborateur, de M. de Pelleport, dont les paroles aimables m'ont accueilli à mon entrée à l'Académie.

En prenant la présidence de notre Compagnie, vous continuerez, assurément, son œuvre de galant homme, d'homme de cœur, de lettré, dont nous avons été les témoins.

Je vous cède donc, en toute confiance, l'honneur et les charmes de la vie présidentielle, assuré d'avance que l'Académie ne pouvait faire un meilleur choix, car, outre un talent juridique bien connu, vous possédez ce que La Bruyère appelait un don de l'âme qui nous rend maîtres du cœur et de l'esprit des autres, c'est-à-dire l'éloquence.

M. de Loynes prend possession du fauteuil présidentiel et répond en ces termes à M. Baillet :

MESSIEURS,

Je m'abandonnais sans préoccupation aux délicates jouissances que procurent nos réunions périodiques. Je m'associais, avec intérêt, à ces échanges de vue et d'idées dans lesquels, loin des agitations du dehors, dans l'atmosphère calme de la salle de nos séances, chacun, oubliant ce qui divise pour ne se rappeler que ce qui rapproche, raconte ses travaux, expose ses découvertes, et met son honneur à donner une assise nouvelle et plus solide aux vérités dont il poursuit la démonstration. L'Académie m'apparaissait bien, suivant l'heureuse expression du cher et inoubliable Froment, comme une ruche laborieuse ou, pour employer des expressions courantes aujourd'hui, comme un syndicat ou une association de travailleurs qui, par la spécialisation libre et intelligente de leurs efforts, fécondent les champs variés de la science et de l'art, et rapportent à la masse commune les gerbes de leur moisson, pour réaliser une puissante synthèse et élever à la vérité un monument digne d'elle. Les uns se livrent à l'observation de la nature; ils nous apprennent les moyens de nous défendre contre des fléaux menaçants, de développer les richesses de notre sol; ils nous font connaître les mesures hygiéniques les plus propres à conserver une santé dont nous n'apprécions toute la valeur que lorsqu'elle est compromise, à prévenir par la diminution du nombre des décès une dépopulation inquiétante. D'autres consacrent leurs facultés aux recherches les plus élevées et les plus désintéressées; ils suivent le mouvement des mondes et s'efforcent de pénétrer les lois qui président aux variations atmosphériques et climatériques. D'autres encore cèdent aux entraînements de leur imagination; ils réussissent à nous dépeindre les plus nobles sentiments avec un charme et une vigueur qui nous emportent vers les plus hauts sommets. D'autres nous conservent les images chéries de ceux que nous avons aimés; ils nous représentent des sites enchanteurs et les illuminent d'un rayon de leur génie, ou ils immortalisent dans leurs tableaux les grands faits de notre vie nationale. D'autres vouent leur intelligence aux recherches historiques; ils s'inspirent, dans leurs travaux, de l'amour de la petite patrie, pour élever les cœurs à l'amour de la grande; ils reconstituent notre passé dans ses éléments locaux et régionaux; dans un cadre puissamment conçu et savamment présenté, ils nous font assister à la formation de notre nation et nous racontent la vie de nos héros; ils reconstituent les nobles et généreuses traditions qui ont fait la grandeur de la France dans le passé et qui accroîtront son influence dans l'avenir. L'œuvre qu'ils accomplissent ainsi, dans l'intérêt de nos gloires, les signale à l'attention des savants et du gouvernement. Nos applaudissements unanimes saluent, avec joie, l'entrée de l'un de nos plus éminents historiens, M. Camille Jullian, au Collège de France. Nous formons le vœu (n'est-ce pas l'époque traditionnelle des vœux?) que les portes en demeurent largement ouvertes, pour permettre à notre Collègue de venir souvent, le plus souvent possible, nous apporter sa précieuse collaboration et continuer avec nous de sympathiques et régulières relations. Tous, enfin, s'unissent dans un même sentiment de dévouement et d'application à la science, aux belles-lettres, aux arts, pour faire de l'Académie un foyer qui rayonne sur toute la région.

C'est au moment où je me félicitais ainsi des plaisirs reposants dont je jouissais au milieu de travaux absorbants que je n'ai pu encore, malgré un labeur assidu, mener à leur terme, que vos suffrages sont venus me surprendre pour m'élever au fauteuil de la présidence. Je tiens à vous exprimer toute ma gratitude.

Mais vous devez comprendre, Messieurs, les sentiments d'inquiétude et de légitime préoccupation qui m'assiègent aujourd'hui. Vous les avez également éprouvés, Monsieur le Président et cher Confrère, et vous les avez exprimés en des termes auxquels je n'ai rien à ajouter.

Vous avez eu raison d'ajouter que vous aviez été appelé à recueillir une succession particulièrement difficile. Il est des talents merveilleux que tous se plaisent à l'envi à proclamer et à célébrer. Vos confrères vous ont désigné pour occuper les fonctions présidentielles après l'un des maîtres les plus éminents de notre Barreau. Les nombreuses et remarquables qualités dont vous avez fait preuve, témoignent que l'Académie avait été bien inspirée dans son choix. Vous avez su, en termes émus, faire revivre la personnalité des collègues que nous avons perdus. Vous avez su aussi, dans des discours qui sont des modèles du genre, instruire et charmer vos auditeurs, en les guidant d'un pas sûr et avec une parole claire et précise, dans ce vaste domaine de la science, dont vous possédez si bien tous les secrets. Au moment où vous allez reprendre votre place dans le rang, vous donnez à notre Compagnie une nouvelle preuve de l'intérêt que vous portez à ses destinées. Vous émettez le vœu que, pour combler les vides créés par la mort, elle fasse appel aux compétences nouvelles, dont les progrès de la science et la variété de nos concours rendent la collaboration nécessaire. Je suis certain d'être l'interprète de tous, en vous donnant l'assurance que rien ne sera négligé pour donner satisfaction à un désir aussi légitime.

Pour l'accomplissement de ma mission, je m'inspirerai des exemples des prédécesseurs dont vous avez eu la délicate attention de rappeler les noms, en particulier des exemples de l'ami dont le patronage veilla sur ma candidature, des exemples du galant homme, de l'homme de cœur avec lequel j'ai eu l'honneur de collaborer. J'espère que le sympathique concours de toutes les bonnes volontés facilitera ma tâche, et qu'une activité féconde conservera l'attrait de nos séances. Je compte tout particulièrement sur l'inappréciable collaboration d'un Secrétaire général qui est la tradition vivante de notre Compagnie, et dont la vigilance, toujours en éveil, sait écarter les pierres de la route, et arracher les épines des fleurs qu'il laisse au Président le soin de distribuer.

Je déclare installé le Bureau de l'Académie pour l'année 1906.

Ces discours sont chaleureusement applaudis.

M. Baillet dépose sur le bureau, à titre d'hommage,

une brochure intitulée : *Races de travail*, conférence faite au Congrès agricole et viticole organisé, à Bordeaux, par la Société d'agriculture, en 1905. M. le Président remercie M. Baillet, bien certain, ajoute-t-il, que ce discours renferme les observations les plus utiles.

M. Marion, ayant obtenu la parole, lit un travail intitulé : *Un épisode peu connu de la vie de Dupaty*. Dans ce chapitre faisant partie d'un volume qu'il va publier incessamment, le savant historien expose que l'innocence de trois juifs, condamnés aux galères, par le parlement de Metz, pour un crime qui avait mérité la mort à quatre de leurs prétendus complices, ayant éclaté dix-sept ans plus tard, alors qu'un seul survivant des trois galériens, échappé lui-même aux galères, mendiait son pain en Allemagne, les familles confièrent au président à mortier Dupaty, déjà célèbre par son mémoire justificatif pour *trois hommes condamnés à la roue*, le soin de faire réhabiliter leurs parents. Le nouveau mémoire de Dupaty est aussi remarquable que celui publié déjà par lui pour les trois roués; mais M. Marion n'a pu savoir encore si ce nouvel écrit remporta, devant le parlement de Metz, le même succès qu'avait obtenu le premier dans l'affaire des condamnés de Chaumont : Bradier, Lardoise et Simare.

Sous le titre de : *Propriété des dunes de Gascogne*, M. Brutails communique un très savant mémoire sur une question controversée, et qu'un grand procès, encore pendant, met à l'ordre du jour. M. Brutails expose les difficultés juridiques que soulève cette question de la propriété des dunes du littoral, et, après l'avoir suivie au cours des âges, et éclairée d'après les chartes, les pièces d'archives, le droit coutumier, il arrête la première partie de son intéressante étude à la Révolution.

Ces lectures sont écoutées avec le plus vif intérêt. M. le Président présente quelques savantes observations dont le travail, si documenté, d'ailleurs, de M. Brutails pourra profiter, et adresse à nos chers confrères remerciements et félicitations.

Sur la proposition du Secrétaire général, l'Académie décide l'insertion dans les *Actes* du mémoire intitulé : *Rosa Bonheur*, qui obtint, au concours de 1904, le prix d'éloquençe fondé par la ville de Bordeaux, et dont l'auteur, M. Paul Bonnefon, bibliothécaire à l'Arsenal, est un de nos membres correspondants.

La séance est levée à six heures.

OUVRAGES OFFERTS A L'ACADÉMIE.

Bulletin du Comité des travaux historiques et scientifiques, 1905.
Transactions of the Academy of Sciences of Saint-Louis, 1905.
Annales du Musée Guimet, 1905.
Proceedings of the Royal Society, 1906.
Revue de l'histoire des religions, 1905.
Mémoires de l'Académie de Caen, 1905.
Académie royale de Belgique, 1905.
Société nationale d'Agriculture de France, 1905.
The Economic Proceedings of the Royal Dublin Society, 1905.
The Proceedings and Transactions of the Scotian Institute of Sciences, 1902-1903.
Revue économique de Bordeaux, 1906.
Société d'Agriculture de Caen, 1905.
Société d'Agriculture de la Loire, 1905

Étaient présents :

MM. Baillet, de Loynes, Vassillière, de Bordes de Fortage, Garat, J. Manès, G. Denigès, Paul Gautier, Marion, Brutails, Léon Drouyn, A.-R. Céleste, Clavel, Callen, Roy de Clotte, B. de Nabias, Ducaunnès-Duval, A. de Sèze, Durègne.

SÉANCE DU 25 JANVIER 1906.

Présidence de M. de LOYNES, Président.

Le procès-verbal de la séance du 11 janvier est lu et adopté.

Le Secrétaire général dépouille la correspondance :

MM. Baillet et Marion se font excuser.

Circulaire de M. le Ministre de l'Instruction publique, des Beaux-Arts et des Cultes, annonçant que le 44e Congrès des Sociétés savantes s'ouvrira à la Sorbonne le mardi 17 avril prochain, à deux heures précises. Cette circulaire reste à la disposition des membres de l'Académie qui désireraient la consulter.

Envois pour les concours de 1906 :

Fleurs de jeunesse, poésies manuscrites. Devise :

Quand même.

Versiculets, poésies manuscrites. Devise :

Fluctuat nec mergitur.

Commission de littérature et de poésie.

M. Marion fait hommage d'un volume qu'il vient de publier sous le titre suivant : *Le Garde des Sceaux Lamoignon et la Réforme judiciaire de 1788.* M. le Président fait ressortir le mérite et l'intérêt de cet ouvrage, d'où est tiré l'épisode dont le savant historien

a donné lecture dans la dernière séance et remercie
M. Marion.

Au nom de M. de Loynes, M. le vice-président Vassillière présente un volume intitulé : *Du nantissement des
privilèges et hypothèques et de l'expropriation forcée.*
M. Vassillière, en adressant à M. de Loynes les remerciements de l'Académie, expose que cette nouvelle édition, la troisième depuis 1895, date de la première,
constate suffisamment l'utilité et l'autorité de cette
œuvre magistrale.

M. le Président fait savoir que, s'inspirant d'une
motion de M. Roy de Clotte, le Conseil a pensé que
la nomination de M. le Premier Président de la Cour
d'Appel et de M. le Recteur de l'Université, en qualité
de membres honoraires, à côté de M. le Préfet de la
Gironde et de M. le Maire de Bordeaux, présentait, à
tous les points de vue, de précieux avantages pour
l'Académie. M. le Président ajoute que cette décision
n'entraînerait, d'ailleurs, aucune modification aux statuts de la Compágnie, laquelle, d'après les articles 1
et 59 de son règlement, est toujours libre d'étendre à
son gré le cadre de ses membres honoraires.

Après un échange de vues et d'observations entre
MM. Garat, de Sèze, Roy de Clotte et de Loynes, la
motion du Conseil est adoptée en principe, à l'unanimité des membres présents. Le vote définitif est renvoyé à une séance ultérieure.

On passe à l'ordre du jour :

La parole est donnée à M. Gayon, trésorier, lequel
expose la situation financière de l'Académie au 31 décembre 1905.

M. Gayon soumet ensuite le projet de budget suivant pour 1906 :

PROJET DE BUDGET POUR L'ANNÉE 1906

A. PROJET DE RECETTES.

Subvention du Conseil général. . . . . .F.	500
Subvention de la Ville de Bordeaux.	2,500
Cotisation des Membres pour 1905-1906	700
Total. . . . . .F.	3,700

B. PROJET DE DÉPENSES.

Traitement de M. Poiraudeau . . . . .F.	600
Gages du concierge de l'Athénée.	200
Chauffage	30
Voitures	20
Frais de bureau.	75
Frais de convocations.	30
Frais de distribution des *Actes*.	45
Entretien du mobilier	150
Souscription à la Société des Amis des Sciences. . . .	10
Frais des séances annuelles.	250
Médailles pour le concours de 1905.	500
Publication des *Actes* pour 1904.	1,700
Réserve pour imprévu	90
Total. . . . . .F.	3,700

Le rapport et le projet de M. Gayon sont adoptés.

M. le Président adresse, à notre cher et dévoué Trésorier, les félicitations et les remerciements de l'Académie.

M. Brutails achève la lecture de son mémoire : *Sur la propriété des dunes de Gascogne;* il expose, avec autant d'érudition que de conscience et de clarté, les décrets que la Révolution, le premier Empire et les divers régimes qui se sont succédé édictèrent sur cette importante matièrè grosse de conflits, et sans aplanir, d'ailleurs, les difficultés léguées par les Administrateurs d'autrefois aux Administrateurs d'aujourd'hui.

Cette attachante communication suggère quelques intéressantes observations à M. le Président, qui adresse ensuite à M. Brutails félicitations et remerciements.

La séance est levée à six heures un quart.

OUVRAGES OFFERTS A L'ACADÉMIE.

Société Industrielle et Agricole d'Angers, 1905.
Société d'Agriculture de Boulogne-sur-Mer, 1905.
Société d'Agriculture de la Basse-Alsace, 1905.
Mémoires de la Société d'Anthropologie de Paris, 1905.
Bulletin de la Société Archéologique de Béziers, 1905.
Société des Sciences physiques et naturelles de Bordeaux, 1905.
Memorias y Revista de la Sociedad científica Antonio Alzate, 1904-1905.
Bulletin de la Société des Sciences de l'Yonne, 1905.
The Journal of the College of Sciences imperial University of Tokio Japan, 1905.
Bulletin de la Société des Antiquaires de l'Ouest, à Poitiers, 1905.
Archives du Musée Teyler, 1905.
Annual Report of the Smithsonian Institution, 1905.

Etaient présents :

MM. de Loynes, Vassillière, de Bordes de Fortage, J. Manès, Gayon, Gaston Leroux, A. de Sèze, Brutails, Durègne, Jean Cabrit, Garat, A.-R. Céleste, Roy de Clotte, Paul Gautier, Callen.

SÉANCE DU 8 FÉVRIER 1906.

Présidence de M. de LOYNES, Président.

Le procès-verbal de la séance du 25 janvier est lu et adopté.

Le Secrétaire général dépouille la correspondance :

L'Académie des Sciences de Saint-Louis (Missouri) fait part de la fête qu'elle prépare pour le mois de mars, en vue de célébrer le cinquantième anniversaire de sa fondation.

M. Céleste dépose, à titre d'hommage, un mémoire intitulé : *les Piliers de Tutelle.*

M. le Président remercie M. Céleste et fait ressortir tout l'intérêt que présente le travail de notre savant confrère.

L'Académie, sur la proposition de M. le Président, renvoie au 15 février le vote définitif sur la nomination comme membres honoraires de M. Recteur de l'Université et de M. le Premier Président.

On passe à l'ordre du jour :

Au nom de M. Gustave Labat, M. de Bordes de Fortage donne lecture d'un mémoire intitulé : *Nicolas Beaujon et la chapelle Saint-Nicolas-du-Roule.* Ces notes, qui fixent certains points obscurs ou douteux de la brillante existence d'un de nos concitoyens, aussi habile financier que protecteur éclairé des arts et généreux philanthrope, et qui, tout en mettant en lumière certains côtés de cette sympathique physionomie, donnent en outre des indications précieuses pour l'iconographie du personnage, sont très favorablement accueillies.

M. Durègne présente, sous le titre d'*Aquarelles d'Espagne,* des impressions de voyage qu'il destine à la *Revue Philomathique.* Burgos, Madrid et ses musées du Prado et de l'Armeria, Tolède, Séville, Cordoue, la ville des kalifes, dans le charme mélancolique, au déclin de l'été, des campagnes qui les environnent, inspirent tour à tour à notre aimable et délicat confrère, poète qui sait décrire et artiste qui sait peindre autant qu'habile ingénieur, de fins, poétiques et toujours saisissants croquis. M. le Président adresse à MM. Durègne et Labat des remerciements.

La Compagnie vote ensuite l'insertion dans les *Actes* du travail de M. Gustave Labat. M. le Secrétaire général est chargé de transmettre cette décision à notre cher confrère avec les remerciements de l'Académie.

La séance est levée à six heures un quart.

***

OUVRAGES OFFERTS A L'ACADÉMIE.

Bureau of American Ethnologie, 1904.
University of California Publications, 1904.
Journal des Savants, janvier 1906.
Mémoires de l'Académie de Vaucluse, 1905.
Bulletin de la Société de Boulogne-sur-Mer, 1905.
Journal and Proceedings of the Hamilton Scientific Association, 1904-1905.
Studi Sassaresi, 1905.
Bulletin mensal do Observatorio do Rio de Janeiro, 1905.
Upsala Universitets Arsskrift, 1903-1904.
Bulletin of the Geological Institution of the University of Upsala, 1905.

Etaient présents :

MM. de Loynes, Vassillière, de Bordes de Fortage, Clavel, Drouyn, Manès, Garat, Callen, Baillet, Cabrit, Durègne, Céleste, R. Dezeimeris, M. Marion, Gayon, Dr L. Micé.

SÉANCE DU 15 FÉVRIER 1906.

Présidence de M. de LOYNES, Président.

Le procès-verbal de la séance du 8 février est lu et adopté.

Le Secrétaire général dépouille la correspondance :

MM. Marion, Roy de Clotte et Vassillière se font excuser.

Remerciements de M. Gustave Labat pour l'accueil fait à ses notes sur Beaujon.

M. le Président expose que M. le Recteur de l'Université et M. le Premier Président de la Cour d'appel sont tout disposés à accepter le titre de membres honoraires que, sur la proposition du Conseil, l'Académie désire leur conférer. En conséquence, il met définitivement aux voix cette proposition, déjà acceptée en principe par l'Académie dans la séance du 25 janvier dernier. A l'unanimité des membres présents, M. le Recteur de l'Université et M. le Premier Président sont nommés membres honoraires, à côté de M. le Maire de Bordeaux et de M. le Préfet de la Gironde. M. le Président est chargé de faire part à MM. Thamin et Birot-Breuilh de la décision de l'Académie.

M. le Président adresse des félicitations à nos chers confrères, MM. de Nabias et Sarreau, pour le succès qu'ils viennent d'obtenir l'un et l'autre : le premier, avec le très beau discours qu'il a prononcé à l'occasion du cinquantenaire de la Société des Sciences physiques et naturelles, et dans lequel il a, en termes qui sont allés au cœur de tous les membres de l'Académie, glorifié la mémoire de notre regretté confrère Millardet; le second, pour le triomphe qu'il vient de remporter au Grand-Théâtre, où sa musique d'un ballet a été couverte d'applaudissements par le public.

M. de Nabias, présent à la séance, remercie M. le Président.

M. de Bordes de Fortage donne lecture d'une pièce intitulée : *A Rome, vers l'an 60 de notre ère.*

Cette communication est favorablement accueillie par l'Académie, qui en vote l'insertion dans les *Actes*, et M. le Président remercie M. de Bordes de Fortage.

La séance est levée à cinq heures et demie.

OUVRAGES OFFERTS A L'ACADÉMIE.

Revue philomathique de Bordeaux, février 1906.
The Transactions of the Royal Irish Academy, 1906.
Atti della Reale Accademia dei Lincei, 1906.
Journal des Savants, février 1906.
Department of the Interior, 1905.
Mémoires de la Société d'Émulation du Jura, 1905.
Conservatoire national des Arts et Métiers, 1905.
Société nationale d'Agriculture de France, 1905.
Société de Borda, 1905.
Histoire littéraire de l'Afrique chrétienne, 1905.
Atti della Accademia di Scienze, Lettere ed Arti, degli Agiati in Rovereto, 1905.
Mémoires de la Société d'Émulation de Roubaix, 1905.
Anales del Museo nacional de Montevideo, 1905.
Geological Survey, 1905.

Etaient présents :

MM. de Loynes, de Bordes de Fortage, Garat, Manès, Bouvy, A. Pitres, Jean Cabrit, Céleste, Durègne, Drouyn, Gayon, Callen, Daillet, Paul Gautier, Gaston Leroux, de Nabias.

SÉANCE DU 1er MARS 1906.

Présidence de M. F. VASSILLIÈRE, Vice-Président.

En ouvrant la séance, M. le Président se fait l'interprète des sentiments unanimes, en adressant à notre cher confrère, M. Clavel, si douloureusement frappé par le terrible accident qui a enlevé son beau-frère, officier de mérite et de grand avenir, les condoléances de la Compagnie. M. le Président veut bien se charger de faire parvenir l'expression de ces condoléances à M. Clavel.

Le procès-verbal de la séance du 15 février est ensuite lu et adopté.

Le Secrétaire général dépouille la correspondance :

MM. de Loynes, président, et Denigès se font excuser.

Lettre de remerciement de M. Gaston Sarreau, pour les félicitations qui lui ont été transmises, au nom de l'Académie, au sujet des succès musicaux qu'il vient d'obtenir.

Le Secrétaire général expose que M. le Président ayant fait connaître, par lettres, à MM. Thamin et Birot-Breuilh, leur nomination de membres honoraires de l'Académie, a reçu de M. le Recteur de l'Université et de M. le Premier Président les réponses suivantes :

Académie de Bordeaux. — Cabinet du Recteur.

Bordeaux, le 17 février 1906.

MONSIEUR LE PRÉSIDENT,

Je remercie l'Académie de Bordeaux de l'honneur qu'elle veut bien faire aux fonctions que je remplis, et je remercie son Président des termes aimables dans lesquels il me l'annonce. Je l'accepte avec reconnaissance.

Je vous prie de croire, Monsieur le Président, à ma haute et sympathique considération.

Signé : R. THAMIN.

Cour d'Appel de Bordeaux. — Cabinet du Premier Président.

Bordeaux, le 18 février 1906.

MONSIEUR LE PRÉSIDENT,

Je suis trop sensible à l'honneur que vient de me faire votre Compagnie pour ne pas vous prier de lui en exprimer ma gratitude. Sa décision a noué, entre elle et moi, des liens qu'il me sera agréable de resserrer à l'occasion. Il m'est précieux, en effet, de pouvoir, même à titre honoraire, en faire partie, et de partager le sort des hauts fonctionnaires que vous avez admis à la même faveur.

Veuillez agréer, Monsieur le Président, l'assurance de ma considération la plus distinguée.

Signé : BIROT-BREUILH.

Monsieur le Président de l'Académie de Bordeaux.

Ces lettres sont applaudies.

On passe à l'ordre du jour :

M. Durègne achève la lecture de ses impressions de

voyage en Espagne, au cours des vacances. Dans cette dernière série de délicates esquisses, notre aimable confrère fait tour à tour passer sous nos yeux : Cadix la coquette, une des rares villes d'Espagne qui tiennent leurs promesses; Xérès, Algésiras, Gibraltar et son détroit, les colonnes d'Hercule des Anciens, Malaga, Grenade, rêve d'Orient, et nous ramène par Saragosse et Pampelune aux premières landes françaises, dont le charmant touriste salue, avec enthousiasme, les pins verdoyants. Ces nouvelles notes sont écoutées avec le même plaisir et applaudies avec la même unanimité que les précédentes. M. le Président remercie M. Durègne.

La séance est levée à six heures.

OUVRAGES OFFERTS A L'ACADÉMIE.

Catalogue des Collections des Arts et Métiers, 1905.
Académie des Inscriptions et Belles-Lettres, 1905.
Publication de la Commission Géodésique Néerlandaise, 1904-1905.
Proceedings of the Royal Society, 1905.
Year Book of the Royal Society of London, 1906.
Annales de l'Observatoire Royal de Belgique, 1905.
Journal des Savants, mars 1906.
The Scientific Transactions of the Royal Dublin Society, 1906.
Mémoires de la Société Académique d'Agriculture de l'Aube, 1905.
Bulletin et Mémoires de la Société d'Anthropologie de Paris, 1905.
Annales de la Société d'Agriculture d'Indre-et-Loire, 1905.
Société nationale d'Agriculture de France, 1906.
Bulletin Historique et Scientifique de l'Auvergne, 1905.
Académie Royale de Belgique, 1905.
Report of the Superintendant of the Coast and Geodetic Survey, 1905.
The Nabo loi dialect by otto Scheerer, 1905.

Etaient présents :

MM. F. Vassillière, de Bordes de Fortage, Durègne, Hautreux, A. de Sèze, Bouvy, Callen, Céleste, Roy de Clotte, Baillet.

SÉANCE DU 15 MARS 1906.

Présidence de M. de LOYNES, Président.

Le procès-verbal de la séance du 1er mars est lu et adopté.

Le Secrétaire général dépouille la correspondance :

MM. Jullian, Labat et Vassillière se font excuser.

M. Labat envoie son bulletin de vote en vue du scrutin pour l'élection d'un Secrétaire général.

Lettre de remerciements de M. Clavel pour les marques de sympathie qui lui ont été données par l'Académie, à l'occasion du deuil cruel qui vient de le frapper.

On passe à l'ordre du jour :

M. le Président expose que M. de Bordes de Fortage, élu le 12 mars 1903, étant arrivé au terme de son mandat, il y a lieu, conformément à l'article 14 du règlement, de procéder à l'élection d'un secrétaire général, pour une nouvelle période de trois ans.

A l'unanimité des membres présents, M. de Bordes de Fortage est réélu secrétaire général.

M. de Bordes de Fortage remercie ses confrères du nouveau témoignage de bienveillance qu'ils viennent de lui accorder; il les assure de tout son dévouement, dans la mesure de ses forces et de sa santé, très ébranlées depuis un an.

M. le Dr Garat obtient la parole et lit les deux sonnets suivants :

A Mme Anselme Léon

Si j'eusse été sculpteur, ou peintre, ou vrai poète,
Si mon goût eût donné des preuves de talent,
A faire son portrait ma verve eût été prête,
Et j'aurais pu sertir la perle d'Orient,

Montrer la jeune fille en sa beauté complète,
Avec sa taille souple et son regard brûlant,
Joignant au charme exquis l'élégance parfaite
Et, malgré sa bonté, l'esprit étincelant.

C'était fatal!... de suite elle nous fut ravie;
De pensée et du cœur chacun l'avait suivie;
Elle partait au bras d'un époux triomphant.

Mais le destin cruel lui fit la vie austère;
Vingt ans elle devint la merveilleuse mère
Qui sut apprendre tout pour aider son enfant.

Bordeaux, 15 mars 1906.

A ma Femme
Deux fois bisaïeule

Nulle ne mérita mieux son nom : Gabrielle.
D'esprit, de beauté fine il évoque le don;
Par surcroît la vertu la sépare de celle
Que préférait un roi, sujet de Cupidon.

Mais en ménage il est cent causes de querelle;
La dernière, vraiment tardive, me confond.
Jamais tu ne m'as fait de vers, hier me dit-elle.
— Qu'y puis-je? le tenter et demander pardon.

Si la longévité des poètes est rare,
La nature, pour eux de plus en plus avare,
Leur refuse les fleurs et les fruits du printemps.

De nos jours l'idéal devient du fantastique.
Toutefois ce sonnet à sa femme est unique,
Aucun mari n'en fit à quatre-vingt-six ans.

Bordeaux, 15 mars 1906.

M. de Bordes de Fortage donne à son tour lecture de quatre lettres inédites d'Alfred de Vigny.

Ces lectures sont applaudies. M. le Président remercie MM. Garat et de Bordes de Fortage, dont les communications seront insérées : la première, au procès-verbal de la séance; la seconde, dans les *Actes* de la Compagnie.

M. Clavel annonce qu'il a découvert d'importants mémoires de l'ingénieur Deschamps, relatifs à la construction des ponts de Bordeaux et de Saint-André-de-Cubzac, et ajoute qu'il espère faire connaître ces intéressants documents à l'Académie, dans un avenir prochain.

M. le Président remercie M. Clavel et fait des vœux pour que cette communication, utile supplément à l'étude déjà consacrée par notre cher collègue au célèbre constructeur du pont de Bordeaux, ne se fasse pas attendre trop longtemps, au gré de l'Académie.

La séance est levée à cinq heures et demie.

OUVRAGES OFFERTS A L'ACADÉMIE.

Mémoires de la Société nationale d'Agriculture, Sciences et Arts d'Angers, 1905.
Materialien zur Geologie Russlands, 1905.
Annales de la Société d'Agriculture de la Loire, 1905.
Mémoires de l'Académie de Metz, 1902, 1903, 1904.
Mémoires de l'Académie de Marseille, 1906.
Bulletin de la Société Scientifique et Littéraire d'Alais, 1905.
Bulletin Historique et Philologique, 1905.
Tufts College Studies, june 1904.
Annales du Musée Guimet, 1906.
Revue de l'Histoire des religions, 1905-1906.
Smithsonian Miscellaneous Collections, 1905.
Bulletin de la Société Philomathique Vosgienne, 1905-1906.
Revue économique de Bordeaux, 1905.
Bulletin de la Société Industrielle de l'Est, 1905.
Revue de l'Histoire de Versailles, 1905.
Bulletin de la Société des Sciences, Lettres et Arts de Pau, 1905.

Etaient présents :

MM. P. de Loynes, de Bordes de Fortage, Garat, L. Drouyn, E. Bouvy, G. Denigès, Hautreux, Baillet, A.-R. Céleste, A. Sourget, J. Manès, Clavel, Ducaunnès-Duval, Dr L. Micé, Marion, Callen, R. Dezeimeris, Durègne.

SÉANCE DU 29 MARS 1906.

Présidence de M. F. VASSILLIÈRE, Vice-Président.

Le procès-verbal de la séance du 15 mars est lu et adopté.

Le Secrétaire général dépouille la correspondance :

M. de Loynes s'excuse de ne pouvoir assister à la séance.

M. le Président invite les membres de l'Académie à se faire inscrire pour de nouvelles lectures.

On passe à l'ordre du jour :

M. Céleste lit un mémoire sur le buste de Montesquieu par J.-B. Lemoyne, auteur de la belle statue équestre de Louis XV qui s'élevait, avant la Révolution, sur la place de la Bourse. Il fait l'histoire des négociations auxquelles donna lieu l'exécution de cette œuvre destinée par l'Académie à perpétuer, dans la salle de ses séances publiques, l'image et le souvenir du plus illustre de ses membres, pour laquelle on avait tout d'abord songé au sculpteur Pigalle, et qui ne fut achevée que grâce à la libéralité du prince de Beauvau, entré, en 1766, dans la Compagnie, ami de Montesquieu.

M. Céleste arrête la première partie de sa très intéressante communication, à laquelle des lettres de Secondat, de Lascombe, de Lamontagne, secrétaire général de l'Académie, et de J.-B. Lemoyne lui-même, ajoutent encore un attrait particulier, au moment où, les premières difficultés surmontées, l'œuvre entreprise entre enfin dans la période d'exécution.

La lecture de M. Céleste est unanimement applaudie et M. le Président remercie notre savant confrère.

Sur la proposition du Bureau, l'Académie déclare la vacance du fauteuil de M. le marquis de Castelnau d'Essenault, membre résidant, décédé en juin 1905.

La séance est levée à cinq heures et demie.

OUVRAGES OFFERTS A L'ACADÉMIE.

Boletin de la Academia de Ciencias en Cordoba, 1905.
Bulletin de la Société d'Émulation du Bourbonnais, 1905.
Mémoires de l'Académie d'Arras, 1904.

Académie des Sciences, Belles-Lettres et Arts de Besançon, 1906.
Annales de la Faculté des Sciences de Marseille, 1905.
Proceedings of the Royal Society, 1906.
Société d'Agriculture et de Commerce de Caen, 1906.
Bulletin de la Société Académique de Poitiers, 1905.
Department of the Interior United States Geological Survey, 1905.
Bureau of American Ethnologie, 1901, 1902, 1905.
Pubblicazioni del Istituto di studi superiori pratici e di perfeziona-
mento in Firenze, 1897, 1898, 1899.
Société d'Émulation d'Abbeville, 1905.
Rôles gascons, par Ch. Bemont, 1906.
Bibliographie des travaux historiques et archéologiques publiés par
les Sociétés savantes de la France, 1905.
Académie d'Arras, 1905.
Recueil de Législation de Toulouse, 1905.
Journal des Savants, avril 1906.

Etaient présents :

MM. Vassillière, de Bordes de Fortage, Céleste, Garat, L. Drouyn, Baillet, Callen, J. Manès, Ducaunnès-Duval, R. Dezeimeris, Hautreux, Dr L. Micé, Paul Gautier, Gaston Leroux, A. de Sèze, Brutails, Durègne.

SÉANCE DU 26 AVRIL 1906.

Présidence de M. DE LOYNES, Président.

Le procès-verbal de la séance du 29 mars est lu et adopté.

Le Secrétaire général dépouille la correspondance :

Programme du Congrès préhistorique de France, dont les assises doivent se tenir à Vannes, du 21 au 26 août 1906.

La Société historique et archéologique de Saint-Malo demande à échanger ses publications — un volume par an — avec celles de l'Académie. Sur la proposition du Secrétaire général, cette requête est favorablement accueillie.

M. le Président adresse à M. Bouvy, qui, depuis la dernière séance, a eu le malheur de perdre sa mère, les vives sympathies et les sincères condoléances de ses confrères; tous les membres présents s'associent pleinement aux paroles de M. le Président, qui veut bien se charger de transmettre à M. Bouvy l'expression de la part que l'Académie prend au deuil cruel qui le frappe.

M. le Président donne lecture d'une lettre par laquelle M. Paul Courteault, professeur de première au lycée et secrétaire général de la Société des Archives historiques de la Gironde, pose sa candidature au fauteuil déclaré vacant de M. le marquis de Castelnau d'Essenault. Conformément à l'article 50 du Règlement, cette lettre est renvoyée au Conseil.

M. Gaston Leroux distribue, à ce moment, à chacun de ses confrères, des lettres d'invitation de l'Association des Artistes bordelais pour l'exposition de l'*Atelier*, laquelle doit s'ouvrir le 27 avril.

On passe à l'ordre du jour.

M. A.-R. Céleste achève la lecture de son mémoire sur le buste de Montesquieu, dû au ciseau de Lemoyne. La seconde partie de cet important travail, illustrée, comme la première, de lettres de Secondat, de Risteau, du prince de Beauvau, de Lamontagne, etc., et remplie de renseignements aussi précieux pour l'iconographie de l'illustre Président que pour l'histoire de l'Académie, est longuement applaudie.

M. le Président félicite et remercie M. Céleste de cette très intéressante communication, dont l'insertion dans les *Actes* est votée à l'unanimité.

M. Cabrit demande la parole et raconte, à son tour, . avec beaucoup de verve et d'humour, une anecdote qui obtient le plus franc succès de rire et suggère à M. le Président quelques rapprochements aussi justes que piquants.

M. le Président invite les membres de l'Académie à se faire inscrire pour de nouvelles lectures, et prie les Rapporteurs des diverses Commissions de ne pas attendre la fin de l'année pour déposer leurs conclusions.

La séance est levée à six heures.

OUVRAGES OFFERTS A L'ACADÉMIE.

Société historique et scientifique des Deux-Sèvres, 1906.
Revue historique et archéologique du Maine, 1905.
Mémoires de la Société d'Anthropologie de Paris, 1905.
Bulletin de la Société des Sciences naturelles de Rouen, 1905.
Travaux de l'Académie nationale de Reims, 1906.
Société nationale d'Agriculture de France, 1906.
Société Agricole, Scientifique et Littéraire des Pyrénées-Orientales, 1906.
The Scientific Transactions of the Royal Dublin Society, 1906.
Journal des Savants, mai 1906.
Schriften der physikalisch.-ökonomischen Gesellschaft, 1906.

Etaient présents :

MM. P. de Loynes, de Bordes de Fortage, Garat, Dr L. Micé, A. Pitres, L. Drouyn, R. Dezeimeris, J. Manès, Lanelongue, Callen, Gaston Leroux, A.-R. Céleste, F. Vassillière, Jean Cabrit, Baillet, B. de Nabias.

SÉANCE DU 10 MAI 1906.

Présidence de M. DE LOYNES, Président.

Le procès-verbal de la séance du 26 avril est lu et adopté.

Le Secrétaire **général** dépouille la correspondance :

MM. Vassillière et Durègne se font excuser.

La Société littéraire de La Rochelle communique le programme de ses concours de 1906.

M. Durègne fait hommage d'un exemplaire de ses *Aquarelles d'Espagne*, si favorablement accueillies dans deux de nos précédentes séances; M. le Président adresse des remerciements à notre cher confrère.

M. de Loynes dépose sur le bureau, à titre d'hommage, le second volume de son *Traité du nantissement des privilèges et hypothèques et de l'expropriation forcée*. M. de Bordes de Fortage, se faisant l'interprète de tous les membres de l'Académie, remercie M. de Loynes, et ajoute que cette nouvelle édition, la troisième depuis 1895, date de publication de la première, constate éloquemment le haut mérite et le succès de cet important ouvrage.

M. le Président communique une lettre par laquelle M. Bouvy remercie l'Académie de la part qu'elle a prise au cruel deuil de famille qui vient de le frapper.

Des félicitations sont adressées par M. le Président à MM. Cabrit et Leroux pour le succès de leurs expositions respectives dans les galeries de *l'Atelier*.

M. Cabrit, présent à la séance, remercie M. le Président.

Le Conseil ayant émis un avis favorable à la candidature de M. P. Courteault au fauteuil déclaré vacant de M. le marquis de Castelnau d'Essenault, M. le Président nomme, conformément à l'article 54 du Règlement, une Commission composée de MM. Marion, Brutails et Céleste, laquelle devra présenter un rapport sur les titres du candidat.

On passe à l'ordre du jour :

Au nom de M. Gustave Labat, M. de Bordes de Fortage donne lecture d'un travail intitulé : *Chambord*. Ces pages, dans lesquelles notre savant confrère a réuni tous les souvenirs qui s'attachent à l'illustre et magnifique résidence royale, depuis François Ier jusqu'au dernier Bourbon, Mgr le comte de Chambord, et dans lesquelles, artiste aussi délicat qu'érudit archéologue et historien, M. G. Labat fait encore une large part à la description ainsi qu'à ses impressions personnelles, sont très favorablement accueillies par l'Académie. Elles seront insérées dans les *Actes*, et M. le Président adresse à leur auteur, pour cet aimable et intéressant souvenir, des remerciements, dont le Secrétaire général est chargé de transmettre l'expression à notre cher confrère.

M. Céleste demande l'autorisation d'insérer dans son mémoire sur le buste de Montesquieu des reproductions du portrait gravé par Carlo Focci, d'après la toile que possède l'Académie, de la médaille de Dacier et du médaillon de Lemoyne.

L'Académie, considérant que les documents iconographiques sus-mentionnés compléteront très heureusement le travail déjà très intéressant dont elle a applaudi la lecture, vote, à l'unanimité des membres présents, la proposition de M. Céleste, lequel remercie ses confrères.

La séance est levée à six heures et demie.

OUVRAGES OFFERTS A L'ACADÉMIE.

Boletin mensal do Observatorio do Rio de Janeiro, 1905.
Mémoires de la Société d'Emulation de Cambrai, 1905.
Société d'Agriculture de la Seine-Inférieure, 1905.
Bulletin de la Société d'Agriculture de Boulogne-sur-Mer, 1906.
The Scientific Transactions of the Royal Dublin Society, 1906.
Revue historique et archéologique du Maine, 1905.
Bulletin historique et scientifique de l'Auvergne, 1905.
Bulletin du Comité des travaux historiques et scientifiques, 1906.
Studi Sassaresi, pubblicati per cura di alcuni professori della Universita de Sassari, 1905, 1906.
Revue philomathique de Bordeaux, 1906.
Rad Jugaslawenske Akademije znanosti i umjetnoti, 1905.

Etaient présents :

MM. P. de Loynes, de Bordes de Fortage, Baillet, Lanelongue, Garat, Callen, Paul Gautier, Samazeuilh, M. Marion, A.-R. Céleste, Jean Cabrit, Hautreux, R. Dezeimeris, J. Manès.

SÉANCE DU 31 MAI 1906.

Présidence de M. DE LOYNES, Président.

Le procès-verbal de la séance du 10 mai est lu et adopté.

Le Secrétaire général dépouille la correspondance :

MM. Baillet et Roy de Clotte se font excuser.

L'Université de Sassari et la rédaction du *Portugalia* demandent à échanger leurs publications avec les nôtres. Renvoyé à M. Bouvy.

Envoi pour les concours de 1906 : *Les Œuvres post-scolaires*, par M. Godefroy Raton, un volume imprimé. Renvoyé à la Commission d'économie politique, commerce et géographie.

L'Académie déclare la vacance du fauteuil de M. de Mégret de Belligny, membre résidant, décédé en octobre 1905. M. le Président fait observer, à ce propos, qu'il est nécessaire de revenir sur le vote qui attribuait ce fauteuil aux sciences, et spécialement à la minéralogie et à la géologie. (Adopté.) Puis il veut que sa première parole, avant d'aborder l'ordre du jour, soit pour féliciter M. Camille Jullian, de retour parmi nous et qui assiste à la séance. M. Jullian remercie M. le Président et dit, à son tour, toute la joie qu'il éprouve à se retrouver au milieu de ses confrères de l'Académie.

M. de Bordes de Fortage dépose sur le bureau, à titre d'hommage, deux plaquettes intitulées : la première, *A Rome vers l'an 60 de notre ère;* la seconde, *Quatre lettres inédites d'Alfred de Vigny.*

M. le Président remercie M. de Bordes de Fortage.

Au nom de la Commission chargée de l'examen des titres de M. Paul Courteault, candidat au fauteuil déclaré vacant de M. le marquis de Castelnau d'Essenault, et composée de MM. Brutails, Marion et Céleste, ce dernier lit un rapport favorable de M. Brutails et dans lequel les travaux de M. Courteault sont magistralement mis en lumière.

M. le Président remercie le Rapporteur et M. Céleste. Conformément à l'article 54 du Règlement, le rapport de M. Brutails sera déposé au Secrétariat, où les membres de l'Académie pourront en prendre connaissance jusqu'au moment du vote sur la candidature de M. Courteault, vote fixé au 21 juin prochain.

Sous le titre de l'*Héliaste*, farce judiciaire en un acte et en vers, M. Paul Gautier communique une fantaisie aristophanesque dont la scène se passe sur l'agora d'Athènes, vers l'an 345 avant J.-C. Cette fine et spirituelle production, très littéraire et très érudite à la fois, représentée dans les salons du bâtonnier de notre Barreau, où elle a été fort bien accueillie, retrouve le même succès à l'Académie, qui, à l'unanimité des membres présents, en vote l'insertion dans les *Actes*.

M. le Président remercie M. Paul Gautier.

La séance est levée à six heures et demie.

OUVRAGES OFFERTS A L'ACADÉMIE.

The Journal of the College of Sciences imperial University of Tokio, 1905-1906.

Société d'Archéologie de Beaune, 1906.

Proceedings of the Royal Society, 1906.

Bulletin de l'Auvergne, 1906.

Société d'Agriculture de Caen, 1906.

Mémoires de la Société Académique de Cherbourg, 1904-1905.

Société nationale d'Agriculture de France, 1906.

Académie de La Rochelle, 1906.

Royal Society, 1906.

Bulletin de la Société de l'Ouest, 1906.
Bulletin de l'Auvergne, 1906.
Revue philomathique, juillet 1906.

Etaient présents :

MM. P. de Loynes, Vassillière, de Bordes de Fortage, R. Dezeimeris, J. Manès, Camille Jullian, Ducaunnès-Duval, Paul Gautier, Gayon, Lanelongue, Durègne, Bouvy, M. Marion.

SÉANCE DU 21 JUIN 1906.

Présidence de M. DE LOYNES, Président.

Le procès-verbal de la séance du 31 mai est adopté.

Cependant, M. Paul Gautier, après avoir remercié l'Académie de l'honneur qu'elle lui a fait en décidant l'insertion dans les *Actes* de sa pièce en vers l'*Héliaste*, communiquée à la dernière séance, sollicite l'annulation du vote sur ce point. Il invoque des scrupules personnels d'un ordre tout spécial et étrangers à la Compagnie, mais qui peuvent, dans une certaine mesure, faire obstacle à l'impression de son œuvre dans une publication officielle.

M. le Président lui exprime ses regrets et ceux de ses collègues. Le vote est ensuite annulé.

M. le Président, après avoir communiqué une lettre où M. de Bordes de Fortage, pour des raisons de santé, remet sa démission de Secrétaire général, expose qu'il s'est rendu auprès de notre cher et distingué collègue, qu'il a insisté pour qu'il revînt sur sa détermination, mais qu'il n'a pu obtenir encore une réponse définitive.

« La détermination de M. de Bordes de Fortage, dit

M. le Président, si elle était définitive, nous laisserait les plus profonds regrets. Notre Secrétaire général nous a rendu des services trop éminents, son dévouement, son zèle, sa compétence incomparable et son exquise affabilité ont trop servi l'Académie et trop mérité son affection et sa reconnaissance, pour que nous ne conservions pas l'espoir de le voir continuer des fonctions dont il n'a voulu se démettre que par un excès de délicatesse et de scrupules. »

L'Académie tout entière s'associe aux sentiments exprimés par M. le Président et, conformément au vœu de ce dernier, assurée de la guérison prochaine de M. de Bordes de Fortage, décide de ne pas accepter sa démission.

M. le Président propose alors de confier provisoirement les fonctions de Secrétaire général à l'un des deux secrétaires adjoints. Cette proposition est adoptée.

M. Jullian rappelle la tradition qui veut que ce soit le plus ancien de ces Secrétaires qui, le cas échéant, remplace d'office le Secrétaire général. Cependant, après un échange de vues entre M. Cabrit et M. Paul Gautier, celui-ci, cédant au désir de son collègue et bien qu'il soit le plus jeune secrétaire adjoint, accepte de remplir les fonctions qui lui sont offertes.

En conséquence, M. Paul Gautier est délégué provisoirement aux fonctions de Secrétaire général.

Puis M. le Président, conformément à la tradition, donne lecture du discours qu'il a prononcé sur la tombe de M. Rayet.

Ce discours est ainsi conçu :

MESSIEURS,

Au nom de l'Académie nationale des Sciences, Belles-Lettres et Arts de Bordeaux, j'apporte sur cette tombe, si rapidement ouverte, l'hommage attristé de notre amitié et de nos regrets.

Il appartient à des voix plus autorisées que la mienne de retracer ici la vie scientifique de Georges Rayet, de le suivre dans le développement de cette belle carrière, de l'accompagner dans ces missions scientifiques dont il fut chargé dans la presqu'île de Malacca, à Burgos, d'où il rapporta les plus pré-. cieuses observations et la démonstration définitive de faits aujourd'hui indiscutés. Elles vous ont dit ce que fut le savant, le professeur, l'observateur ; elles vous ont rappelé la valeur de son enseignement, les succès de ses recherches, les distinctions par lesquelles le Gouvernement et l'Institut récompensèrent son labeur constant. Mon rôle est plus modeste. Je dois me borner à vous parler des liens qui rattachaient plus spécialement Rayet à notre Compagnie.

Sa place y était en quelque sorte marquée d'avance. Car indépendamment des titres nombreux qui lui avaient conquis une haute situation dans la science, il avait une qualité qui le recommandait plus particulièrement aux suffrages de l'Académie : il était directeur de l'Observatoire ; il était ainsi le chef d'un établissement dont nos prédécesseurs s'étaient dès la première heure proposé la création. Ils avaient, en effet, compris l'importance qu'un observatoire présentait pour la navigation maritime. Au jour même de son institution notre Compagnie comptait au nombre de ses fondateurs le R. P. Faux, religieux de la Mercy. Plus tard nous voyons figurer sur la liste de ses membres le R. P. Jean Bonin, de la Compagnie de Jésus, et en 1769, par un exemple de tolérance bien rare à cette époque, le protestant Jean Larroque, inspecteur de la jauge des bâtiments de mer. Tous s'étaient voués à des observations astronomiques et météorologiques.

Pour faciliter ces recherches, l'Académie avait fait élever, dans l'hôtel que lui avait légué J.-J. Bel, une tour terminée par une terrasse. Malheureusement les ressources dont disposait la Compagnie ne lui avaient pas permis de doter cet établissement des instruments nécessaires à cet objet. En vain elle avait fait appel à la générosité de ses concitoyens ; en vain elle avait sollicité, spécialement en 1792, la municipalité bordelaise. Sa voix demeura sans écho. Il est des institutions que l'initiative individuelle est ordinairement impuissante à fonder. Elles ne peuvent naître que sous l'effort de la collectivité.

Pour secouer l'indifférence publique, pour faire sortir du sol ces établissements destinés cependant à rendre d'importants services et à poser les bases d'une science nouvelle, il fallut les épreuves terribles de 1870 et l'heureuse initiative du ministre de l'Instruction publique Jules Simon. La municipalité, que dirigeait Émile Fourcand, accueillit avec empressement les propositions qui lui étaient présentées. Toutes les administrations municipales qui se succédèrent, tinrent à honneur de poursuivre la réalisation de ce projet, dont la dépense avait été comprise dans l'emprunt proposé au Conseil municipal par l'administration à la tête de laquelle avait été placé un collègue dont l'Académie garde la mémoire, le vicomte de Pelleport-Burète.

Dès que Rayet eut été nommé, en 1876, professeur d'astronomie physique à notre Faculté des sciences, il commença ses premières observations. Il les fit sur la tour même élevée dans ce but au XVIIIe siècle par notre Académie. Mais ce n'était là qu'une installation temporaire. Elle ne devait pas tarder à être remplacée par des bâtiments appropriés à leur destination et qui donnaient satisfaction au progrès et aux exigences de la science.

Les travaux personnels de Rayet, les enseignements que lui avait donnés la visite des observatoires des pays voisins, notamment des observatoires d'Italie dont il écrivit l'histoire, lui permettaient de préciser avec la plus minutieuse rigueur tous les détails de l'organisation rationnelle de ces établissements scientifiques. Aussi prit-il une part considérable à la préparation des plans. Il en surveilla l'exécution, présida à l'installation et poursuivit plus tard les améliorations dont l'expérience lui avait démontré la nécessité ou même l'utilité. Il avait été nommé directeur de l'Observatoire en 1879, et cet établissement ne fut achevé que plusieurs années plus tard. Sous son habile administration, sous sa savante direction, grâce à l'inépuisable libéralité de la Ville de Bordeaux et au concours constant de l'État, il a conquis un rang des plus distingués dans l'histoire scientifique du pays.

Rayet se plaisait dans cette atmosphère sereine où, loin des bruits et des agitations de la ville, il employait ses heures les meilleures à l'observation des phénomènes célestes et préparait ces travaux qui sont l'honneur de sa vie et l'un des fleurons de la science française. A ces recherches scientifiques de l'ordre le plus élevé, il consacra son intelligence, ses facultés, son activité, son énergie.

Mais il eut aussi le mérite de ne pas oublier le projet que l'Académie avait caressé au XVIIIᵉ siècle. Elle voulait que les observations faites rendissent service à la navigation maritime et qu'elles fussent utiles à toute la région. Vous savez que Rayet s'associa avec une infatigable activité aux travaux de la Commission météorologique de la Gironde. Vous avez gardé le souvenir des communications intéressantes et trop rares qu'il fit dans nos séances sur des phénomènes météorologiques. Il publia diverses études sur le climat de la région et collabora avec un de nos collègues à un travail intéressant les landes de la Gironde. Vous avez voulu lui donner un témoignage de votre estime et de votre confiance en le mettant à votre tête et en le chargeant de la direction de votre Société. Vous vous rappelez certainement l'émotion communicative avec laquelle il adressa le suprême adieu au collègue que vous aviez perdu, le charme avec lequel il décrivit les beautés de l'Exposition de 1895, la délicatesse, la grâce avec lesquelles il souhaita la bienvenue aux collègues reçus en séance publique.

Une cruelle maladie vint le frapper au milieu de ces labeurs incessants. Grâce à son courage, il sut être le maître de la souffrance, il sut dompter la douleur et continuer ses fonctions et ses travaux avec un zèle et un dévouement auquel tous rendaient un hommage unanime.

Cette science sublime qui livre les secrets de l'infini aux investigations de l'homme, qui élève le cœur et l'intelligence, avait fait de Rayet le plus aimable des philosophes. Son affabilité n'avait d'égale que sa bienveillance. La profondeur et la sincérité de ses convictions l'avaient porté à la conception la plus large de la tolérance; la générosité de ses sentiments lui avait fait un devoir de respecter toujours les opinions d'autrui.

Le témoignage d'affection que j'apporte sur sa tombe au nom de l'Académie tout entière, prouvera à sa famille, à ses amis, à tous ceux qu'il aimait, que notre collègue avait, par ses éminentes qualités, conquis toutes nos sympathies et que nous conserverons pieusement son souvenir. Puisse cette certitude apporter quelque soulagement à leur naturelle et légitime affliction !

Ce beau discours est accueilli par les applaudissements de l'Académie.

Il est ensuite procédé au vote sur la candidature de M. Paul Courteault, au fauteuil déclaré vacant de M. le marquis de Castelnau d'Essenault. Plusieurs de nos confrères ont envoyé leurs bulletins.

Le dépouillement du scrutin donne les résultats suivants :

Suffrages exprimés, 24; majorité absolue, 13.

M. Courteault...................... 24

En conséquence, M. le Président proclame M. Paul Courteault élu, à l'unanimité, membre résidant, en remplacement de M. le marquis de Castelnau d'Essenault.

M. le Président donne ensuite lecture d'une lettre de candidature de M. Maxwell au fauteuil déclaré vacant de M. de Mégret de Belligny. Renvoi au Conseil.

Les affaires urgentes étant expédiées, la séance est levée en signe de deuil à cinq heures et quart.

S'étaient fait excuser : MM. Dezeimeris, Baillet, Clavel, Marion et de Bordes de Fortage.

OUVRAGES OFFERTS A L'ACADÉMIE.

Bulletin de la Société de Borda, 1906.
Proceedings of the Royal Society, 1906.
Revue économique de Bordeaux, 1906.
Atti della Accademia in Rovereto, 1906.
Bulletin de la Société nationale des Antiquaires de France, 1905.
Académie de Rouen, 1906.
Bulletin de la Société Académique de Poitiers, 1905.
Journal and Proceedings of the Asiatic Society of Bengale, 1905-1906.
Archives du musée Teyler, 1905.
Mémoires de la Société d'Anthropologie de Paris, 1906.
Proceedings of the American Academy of Arts and Sciences, 1906.
Recueil de l'Académie des Jeux floraux.
Journal des Savants, juin 1906.
Preliminary Report of the State Carthquake Investigation Commission.

Etaient présents :

MM. P. de Loynes, Vassillière, Paul Gautier, Camille Jullian, G. Denigès, Brutails, Jean Cabrit, A. Ferrand, Durègne, Garat, G. Sarreau, M. Marion, Callen, Ducaunnès-Duval, E. Bouvy, B. de Nabias, Gaston Leroux, Roy de Clotte.

SÉANCE DU 5 JUILLET 1906.

Présidence de M. DE LOYNES, Président

Le procès-verbal de la séance du 21 juin est adopté.

MM. Callen, de Bordes de Fortage et Brutails se font excuser.

M. le Président fait connaître la délibération favorable du Conseil au sujet de la candidature de M. Joseph Maxwell au fauteuil de M. de Mégret de Belligny. En conséquence, après avoir pris l'avis de l'Académie et conformément aux Statuts, il désigne une Commission composée de MM. Pitres, Roy de Clotte et Manès pour présenter le rapport d'usage sur les titres du candidat.

M. Maurice Martin fait hommage à l'Académie de son magnifique ouvrage *la Côte d'Argent*. M. le Président lui adresse ses remerciements et ceux de la Compagnie. Puis il lit une lettre d'invitation et analyse une circulaire du Congrès international des études des régions polaires. Sa proposition, tendant à adresser au Comité d'organisation de ce Congrès une adhésion de principe, est adoptée à l'unanimité.

M. Bouvy présente ensuite un rapport verbal sur les demandes formulées par les revues *Portugalia* et *Studi Sassaresi*, en vue de l'échange de ces publications avec les *Actes* de l'Académie.

Le Rapporteur souligne le caractère, l'importance et la valeur de *Portugalia* et signale, en ce qui concerne cette revue, l'intérêt de l'échange sollicité. Il indique, par contre, que la demande de *Studi Sassaresi* ne saurait être attribuée qu'à une erreur du Secrétariat de cette publication, l'échange ayant déjà lieu avec elle. Il semble donc qu'il n'y ait pas lieu de statuer sur ce point.

Appuyant les conclusions de M. Bouvy, M. Jullian, avec une éloquence documentée et un enthousiasme persuasif, fait l'éloge de *Portugalia* qui, pour la première fois, vient de reproduire les grottes d'Altamira. C'est précisément en vue de ces reproductions, qui présentent le plus haut intérêt artistique et scientifique, que le prince de Monaco a mis à la disposition de deux savants français une somme de 50,000 francs.

Notre éminent collègue qui, il y a peu de jours encore, visitait les Eyzies, vante les fresques de ces grottes désormais célèbres, notamment un rhinocéros et surtout une procession de cinq chevaux saisissante de beauté, d'allure et de tenue.

Après ces observations, l'Académie adopte les conclusions du rapport de M. Bouvy et vote, à l'unanimité, l'échange sollicité par *Portugalia*.

Elle décide au contraire qu'il n'y a pas lieu de statuer sur la demande présentée par *Studi Sassaresi*.

Sous le titre : *Une Visite à la Bibliothèque nationale*, M. Labat présente à l'Académie une communication que lit, en son absence, le Secrétaire adjoint. Notre collègue y décrit avec un art minutieux, chapitre par chapitre, le célèbre manuscrit du xv⁰ siècle, enluminé par le miniaturiste bordelais Pierre de Abbate.

Ce travail, qu'accompagne une artistique reproduction de la lettre initiale de l'un des douze livres du manuscrit, et où se révèle une fois de plus l'érudit et l'artiste qu'est M. Labat, provoque les applaudissements de l'Assemblée.

A cette intéressante et utile communication, M. Jullian demande à ajouter quelques mots. Il signale que le manuscrit de la Bibliothèque nationale est le plus ancien qui subsiste de la peinture bordelaise après *la mise au tombeau*, fresque de la fin du xii⁰ siècle, qui fut découverte près de la sacristie de l'église Sainte-Croix, lors des réparations de l'Ecole des Beaux-Arts.

Le véritable nom de Petrus de Abbate fut sans doute Pierre Labbé ou Pierre Labat. Ce nom, malgré ses recherches, M. Jullian n'a pu l'identifier d'une façon absolue. En tout cas, ce miniaturiste n'était point un obscur, et la célébrité dont il dut jouir de son vivant apparaît dans ce fait qu'il fut du nombre des enlumineurs que

Mathias Corvin appela de Bourgogne, de Bordeaux et de Paris.

Peut-être observe-t-on dans ses miniatures quelque rudesse et un peu de raideur, mais leur ensemble et la combinaison générale du dessin les classent parmi les plus belles de la deuxième moitié du xv⁰ siècle et en font un document inappréciable pour les études de peinture.

Il serait désirable, ajoute notre collègue, que la ville de Bordeaux fît reproduire ce manuscrit, qui constitue l'une des pages les plus remarquables qu'ait laissées l'histoire de Bordeaux.

M. le Président, après avoir félicité et remercié M. Labat de son intéressante communication, qui ouvre la voie à une étude plus approfondie, appuie le vœu de M. Jullian, en indiquant que l'Académie pourrait prendre l'initiative d'écrire à M. le Maire de Bordeaux.

M. Jullian propose alors d'émettre le vœu suivant :

« L'Académie, considérant que le manuscrit de la Bibliothèque nationale, enluminé par le Bordelais Petrus de Abbate, est le document le plus ancien de la peinture bordelaise et a par lui-même une très grande valeur artistique, émet le vœu que la ville de Bordeaux fasse reproduire ce manuscrit. »

A l'unanimité, l'Académie adopte ce vœu et décide qu'il sera communiqué à M. le Maire de Bordeaux, à la Société des Beaux-Arts, à la Société des Archives historiques, à la Société des Amis des Arts et à la Presse bordelaise.

L'Académie fixe ensuite au 19 juillet la réception de M. Paul Courteault et désigne MM. Céleste et Brutails pour servir de parrains à notre nouveau collègue.

Enfin, avant de lever la séance, M. le Président adresse un amical et pressant appel à ceux de nos collègues qui auraient des communications à présenter à l'Académie; il prie les Commissions de se hâter de déposer leurs rapports sur les concours de 1906 et termine très heureusement en donnant de bonnes nouvelles de notre cher et distingué Secrétaire général, M. de Bordes de Fortage.

La séance est levée à cinq heures trente-cinq.

OUVRAGES OFFERTS A L'ACADÉMIE.

Bulletin de la Société industrielle de l'Est, 1906.
Revue économique de Bordeaux, 1906.
Bulletin de la Société Académique de Poitiers, 1905.
Académie royale de Belgique, 1906.
Annuaire de l'Académie royale de Belgique, 1906.
Annuario Observatorio do Rio de Janeiro, 1905.
Boletin mensal do Observatorio do Rio de Janeiro, 1906.
Bulletin de l'Académie des Sciences de Cracovie, 1906.
Proceedings of the Royal Society, 1906.
Bulletin du Comité des travaux historiques, 1906.
Proceedings of the American Academie of Arts and Sciences, 1906.
Bulletin de la Société d'Émulation de la Seine-Inférieure, 1906.

Etaient présents :

MM. P. de Loynes, F. Vassillière, Paul Gautier, Camille Jullian, Garat, Gayon, G. Denigès, J. Manès, Baillet, E. Bouvy, A.-R. Céleste, D‍r L. Micé, F. Samazeuilh.

SÉANCE DU 19 JUILLET 1906.

Présidence de M. DE LOYNES, Président.

Le procès-verbal de la séance du 5 juillet est adopté.

M. le Secrétaire adjoint dépouille la correspondance :

M‍me la Directrice du Lycée de jeunes filles de Bordeaux invite les membres de l'Académie à assister à la distribution solennelle des prix qui aura lieu le 21 juillet.

L'Académie de Mâcon annonce l'envoi du tome IX de la 3ᵉ série de ses annales contenant la médaille de son centenaire, avec l'effigie de son nouveau jeton de présence. Elle réclame, en retour, un exemplaire de notre propre jeton et demande qu'on lui fasse connaître la date de la fondation de notre Compagnie et l'époque depuis laquelle ses publications nous sont adressées.

M. l'abbé Calmet fait hommage d'un volume intitulé : *Le grand schisme dans l'Occident*. Remerciements.

M. l'abbé Périguet dépose, selon sa courtoise et flatteuse expression, « sur le bureau de notre docte Académie » une *Notice sur un crâne ancien de la race de Cro-Magnon, découvert à Cournon (Puy-de-Dôme) en 1889*. Remerciements.

Envois pour les concours de 1907. Commission de littérature et de poésie :

Œuvres complètes de saint Ennodius (1ᵉʳ vol.), traduction française par l'abbé Léglise, curé de Gensac.

Les Estivales, par Gaston Sézalory.

M. le Président rend compte à l'Assemblée de la communication qu'il a faite à M. le Maire de Bordeaux du vœu relatif à la reproduction du manuscrit de la Bibliothèque nationale enluminé par Petrus de Abbate. M. le Maire de Bordeaux, qui a paru favorable à ce vœu, a manifesté le désir de s'en entretenir avec notre collègue M. Jullian, en indiquant que la question bud-

gétaire pourrait seule être capable de faire obstacle
à sa réalisation.

Puis, avant d'aborder l'ordre du jour, M. le Président tient à adresser des félicitations à M. de Bordès
de Fortage, de retour parmi nous.

M. de Bordes de Fortage remercie M. de Loynes et
l'Académie qui a bien voulu s'associer aux paroles
aimables de son Président, et exprime, à son tour, toute
la joie qu'il éprouve de se retrouver parmi ses confrères.

M. Paul Courteault est alors introduit par ses parrains, MM. Céleste et Brutails.

M. le Président donne la parole à notre nouveau collègue qui prononce le discours suivant :

MONSIEUR LE PRÉSIDENT,
MESSIEURS,

Dans quelques jours il y aura trente ans, l'archéologue
éminent, le voyageur très informé, le lettré délicat, le gentilhomme aux façons si nobles et si avenantes, à qui j'ai
le grand honneur de succéder, venait prendre rang à l'Académie. Il ne dissimula pas la joie profonde que lui causait
son élection. C'était pour son labeur scientifique la consé-
cration qu'il souhaitait le plus. Il était vraiment heureux
de s'asseoir à côté d'anciens condisciples, d'amis très chers,
qui, comme lui, aimaient passionnément la petite patrie
bordelaise et girondine, qui, comme lui, cherchaient, en
interrogeant les pierres, les vieux livres, les documents
d'archives, à faire renaître ces choses, mortes pour le
vulgaire et qu'il sentait si vivantes, la pensée, l'âme et
le cœur des ancêtres. C'étaient les maîtres vénérés dont
nous gardons précieusement la mémoire : Leo Drouyn, l'admirable travailleur, l'auteur déjà classique de la *Guienne
militaire*, qui commençait alors à publier ses *Variétés giron-*

dines dans les *Actes* de l'Académie; Brives-Cazes, l'historien du Parlement de Bordeaux; le baron de Verneilh, l'apôtre de l'archéologie en Périgord et en Quercy. C'était aussi, Messieurs, l'éditeur de Pierre de Brach, de Martin Despois, de Jules-César Scaliger, le familier et le confident de Michel de Montaigne, l'érudit sagace et l'écrivain raffiné qui, pour résoudre ces délicats problèmes où se complaît son ingéniosité pénétrante, a su retrouver l'âme des grands humanistes du xvi⁰ siècle.

La joie que j'éprouve est aussi profonde, aussi sincère que celle dont M. de Castelnau faisait part, avec tant de bonne grâce, à ses nouveaux confrères. Pour ceux qui ont pensé que le meilleur emploi qu'ils pouvaient faire de leurs forces était de les consacrer à l'étude de l'histoire locale et régionale, l'ambition la plus chère n'est-elle pas d'appartenir un jour à la noble et toujours jeune Compagnie qui, depuis bientôt deux siècles, est le refuge où s'abrite, entretenue par des mains pieuses, la flamme de la vie provinciale ? Mais si je ressens un tel honneur aussi vivement que mon très regretté prédécesseur, il me convient d'être moins confiant que lui et plus timide. Lorsque M. de Castelnau entra à l'Académie, sa notoriété était établie par plus de vingt-cinq années de recherches et de travaux. Son activité dans les Congrès archéologiques, ses études sur nos églises bordelaises et méridionales le désignaient depuis longtemps. Sa gerbe était plus qu'à moitié faite; la mienne est à peine commencée. Quelques documents publiés, quelques articles de revues, simples pierres d'attente, un livre de circonstance qui ne dépasse pas les proportions modestes de la brochure, ont suffi, Messieurs, pour incliner votre bienveillance jusqu'à l'indulgence, et jusqu'à une indulgence unanime. Comment ma gratitude n'aurait-elle pas un accent particulier ?

L'année même où M. de Castelnau vint occuper le fauteuil de Charles Des Moulins, le président Brives-Cazes rappelait comment l'érudition locale avait conquis sa place à l'Académie. Si l'on refaisait aujourd'hui son discours, combien la matière en serait plus ample et plus riche ! Il y a trente ans, l'histoire et l'archéologie bordelaises et régio-

nales étaient encore confinées dans les discrètes réunions
de nos Sociétés savantes. Elles affrontent aujourd'hui har-
diment le grand jour et le grand public. Comme elles
avaient obtenu droit de cité à l'Académie, à côté des sciences, de la poésie, de l'éloquence, des arts, elles se sont
fait une place dans l'enseignement supérieur au même
rang que les plus hautes disciplines. Comment elles ont
pris pied dans notre Université, avec quel éclat solide et
constant, avec quelle prestigieuse maîtrise elles y ont été
professées, mon cœur est d'autant plus heureux de le rappeler que vous êtes les seuls, Messieurs, à n'avoir pas
ressenti les effets d'une perte pour Bordeaux si sensible...
Ces études qui, entre toutes, retiennent ceux qui s'y sont
une fois donnés avec leur âme tout entière et auxquelles
le grand public porte un intérêt plus vif que quelques-uns
ne pensent, furent-elles jamais plus brillamment représentées parmi vous ? La passion de la recherche, stimulée par
l'amour de la petite patrie, l'acceptation joyeuse d'un labeur souvent pénible et ingrat, la soumission librement
consentie aux règles sévères de la critique, le respect absolu de la vérité, mis au-dessus des préférences personnelles
les plus chères, toutes ces hautes et difficiles vertus sont
pratiquées ici par des maîtres dont les travaux, consacrés
par les plus illustres suffrages, conservent à la cité cette
parure intellectuelle qui est une des plus nobles parts de
sa vieille gloire.

Ces maîtres auraient le droit d'être exigeants pour les
autres comme ils le sont pour eux-mêmes. Ils n'ont pas
voulu l'être pour moi. C'est eux qui vous ont révélé, Messieurs, mon nom, ma personne, le peu que j'ai fait. Ils vous
ont dit ma bonne volonté, mes projets. L'un d'eux, qui
guida mes premières recherches à travers les livres, et
dont une longue familiarité m'a fait l'ami, a plaidé devant
vous ma cause avec l'autorité que lui donnent son mérite
personnel et son zèle académique. Ma candidature a ren-
contré un rapporteur qui aurait pu se montrer un juge
sévère, qui a daigné n'être aussi qu'un avocat plein de
bienveillance. En vous remerciant, Messieurs, de m'avoir
admis à participer à vos travaux, à goûter le charme de

vos réunions, souffrez que je reconnaisse ce que leur doit mon élection et laissez-moi y voir surtout une invitation à mériter le large crédit que m'ouvre votre choix.

M. le Président répond en ces termes à M. Courteault :

Si la joie que vous éprouvez est aussi sincère et aussi profonde que celle que votre prédécesseur avait ressentie lorsqu'il vint occuper le fauteuil de Charles Des Moulins, notre satisfaction est également entière de vous accueillir.

Aujourd'hui comme au jour de sa fondation, comme pendant son existence bientôt deux fois séculaire, l'Académie entretient pieusement les deux foyers de l'amour de la petite et de la grande patrie. Sans négliger aucune des branches de la science universelle, elle est spécialement attirée vers l'étude des diverses manifestations de la vie locale. Convaincue avec Vogelsang que « qui ne s'inspire que du présent nuit à l'avenir autant qu'il a négligé le passé », elle cherche à reconstituer ce passé et à en dégager les enseignements.

A cette œuvre ont particulièrement consacré leurs efforts les savants dont nous vous avons, avec une bien légitime émotion, entendu rappeler les noms. Epris de vérité, ils ont su, dans leurs travaux, s'élever à cette impartialité sereine, faite en grande partie de la défiance de soi-même. Dans les récits qu'ils nous ont laissés et que nous aimons à relire, ils se sont étudiés à discerner les causes, à reconstituer les milieux, à restituer aux personnages leur physionomie véritable. Ils ont réussi à revivre les événements qu'ils racontent dans le cadre où ils se sont déroulés. Pour atteindre le but, ils n'ont pas reculé devant le labeur souvent pénible et ingrat de la lecture des pièces originales de nos archives. Ils en ont quelquefois été récompensés par la découverte d'un document important jetant un jour nouveau sur un point d'histoire, éclairant d'une lumière inconnue l'état social, économique ou politique de la nation ou d'une province. Mais ils eurent le mérite de ne pas se laisser entraîner par l'enthousiasme de ce succès. Ils surent se mettre en garde contre les passions qui agitaient les témoins et les narrateurs. Les faits sont si souvent obscurcis ou même dénaturés par ceux qui y ont pris part ou par ceux qui nous en ont transmis le récit.

C'est à cette œuvre séduisante, mais difficile entre toutes que, sous la direction de maîtres qui sont l'honneur de la cité, dont le nom est universellement connu et dont l'opinion fait justement autorité, vous avez voué votre activité. Ce n'est donc pas seulement, comme vous le dites trop modestement, à votre bonne volonté et à vos projets que nous avons fait crédit. La gerbe que vous avez moissonnée est riche de qualités que nous avons voulu distinguer.

Ces qualités se révèlent dès vos premières publications. Vous avez été captivé par l'une des figures les plus attirantes du xvi° siècle. Vous avez cédé, suivant une heureuse expression, au charme sauvage et puissant qui s'en dégage. Les notices et les notes qui accompagnent les douze lettres inédites de Blaise de Monluc, ainsi que les deux lettres inédites d'Isabeau de Beauville, sa seconde femme, nous fournissent de précieux éléments de contrôle et d'appréciation. Dans le récit si curieux et si attachant que vous faites de l'invasion de l'armée des Princes en Agenais, vous vous êtes sagement mis en garde contre les ambitions, les exagérations de celui qui vous sert de guide. Vous discutez avec les plus judicieuses réserves les affirmations de Monluc sur le moulin flottant qui vint rompre le pont établi sur la Garonne à Port-Sainte-Marie et arrêter l'invasion dont étaient menacés Agen et ses environs.

N'est-ce pas aussi parce que vous estimez nécessaire de donner une connaissance exacte des lieux dans lesquels se sont accomplis les faits rapportés par l'histoire, que vous avez pris une part considérable à la publication, par la Société des Archives historiques, de dessins originaux du xvii° siècle reproduisant les principaux monuments de Bordeaux et des sites de la région du Sud-Ouest? En nous présentant cet ouvrage, notre cher Secrétaire général en a fait un éloge autorisé, auquel il suffira de me référer. La préface dont vous avez fait précéder cet album y ajoute un prix nouveau par l'exactitude des renseignements et la précision des détails.

Vous avez eu aussi l'occasion de formuler votre opinion sur l'évolution des idées et peut-être des croyances de Marguerite de Navarre. Vous l'avez fait avec la prudence et la réserve qui sied en semblable matière, et après une discussion des plus approfondies, vous concluez : « L'âme si riche et si complexe de Marguerite ne saurait être emprisonnée dans le cadre étroit d'un système théologique; c'est un beau lis vivant, dont les racines plongent dans le vieux sol des ancêtres; dans sa longue tige souple et flexible circule à la fois la triple sève de la philosophie antique, de l'esprit de réforme et du mysticisme, qui se mêlent et se combinent sans s'offenser; la fleur splendide qui s'épanouit à son sommet exhale un parfum subtil et pénétrant : c'est la fleur de l'humanisme et celle du christianisme fondues ensemble dans une âme qui, au prix de douloureux efforts, a su les unir dans une mystique harmonie. »

Enfin, Monsieur, vous avez publié l'histoire du lycée de l'an XI (1802-1809). Vous nous faites assister aux débuts difficiles de cet établissement, appelé cependant à une prospérité que nous sommes heureux de saluer. Vous êtes bien près de partager l'opinion de Taine sur les causes de cet insuccès. Cependant, vous la trouvez trop absolue et vous ajoutez : « Par delà la raison qu'indique Taine, il faut voir la cause profonde de la méfiance que témoignèrent les Bordelais : elle est dans la survivance du vieil esprit municipal, hostile à toute tentative de l'Etat de nature à réduire ses libertés, et qui, quoique bien affaibli, se réveilla pour lutter, ne fût-ce que par l'inertie, contre la formidable entreprise de centralisation qui le menaçait de toutes parts. »

Ce vieil esprit municipal, dont vous faites ainsi la critique discrète, ne, représente-t-il pas cependant la liberté des collectivités restreintes qui luttent pour leur indépendance contre les dangers d'une centralisation excessive ? Si l'Etat absorbait tout, comme certains le proposent, s'il réussissait à courber tous les citoyens sous son niveau égalitaire, ne serait-ce pas la mort de toutes les initiatives, des initiatives individuelles aussi bien que des initiatives locales ? Ne serions-nous pas exposés à être soumis au despotisme le plus absolu et le plus redoutable qui ait jamais existé ? Sous cette légère réserve, je me plais à reconnaître la richesse des documents que vous avez eu le mérite de mettre en œuvre.

Dès lors vous comprenez, Monsieur, que notre bienveillance n'a pas eu besoin de s'incliner jusqu'à l'indulgence, votre gratitude n'est donc qu'un hommage à l'esprit de justice qui a inspiré notre vote.

Par vos travaux d'histoire locale et régionale, vous vous rapprochez de M. de Castelnau, auquel vous êtes appelé à succéder. Si vous étudiez les documents, notre savant collègue étudiait surfout les monuments. Ils ont leur langage et leur éloquence; il faut savoir les faire parler. Les pierres superposées d'un édifice expriment aussi la pensée intime de ceux qui l'ont construit. Le roman et le gothique nous révèlent peut-être deux états différents de l'âme qui s'élève vers Dieu. M. de Castelnau était passé maître dans cet art. Il était l'un des héritiers de cette pléiade d'hommes qui, au lendemain de l'épopée napoléonienne et des désastres qui la terminèrent, avaient conçu le dessein de conserver à la France son rang dans le monde, d'en faire l'initiatrice de tous les progrès par la propagation de la vérité et de la justice. Historien, archéologue, artiste, il apportait dans ses travaux cette sagacité, cette pénétration, cette conscience qui lui valurent tous les suffrages, toutes les sympathies et qui firent de lui l'homme de bien par excellence, entouré de l'estime universelle.

Vous saurez, Monsieur, continuer ces nobles traditions; vous aurez le même culte de la vérité, la même ardeur au travail, la même fidélité à nos traditions, le même amour de la petite patrie, base inébranlable du patriotisme national. Je n'en veux pour preuve que la manière dont vous venez de parler de ces choses mortes pour le vulgaire et cependant si vivantes : la pensée, l'âme et le cœur des ancêtres.

Vous avez aussi parlé de vos projets. Puissiez-vous les

réaliser promptement et nous apporter bientôt le fruit de vos recherches ! C'est le vœu que je forme en vous souhaitant la bienvenue dans l'Académie.

Ces deux remarquables discours sont longuement applaudis et l'on passe à l'ordre du jour.

M. Roy de Clotte présente le rapport de la Commission chargée d'examiner les titres de M. Joseph Maxwell, candidat au fauteuil de M. de Mégret de Belligny. Ce rapport, favorable à la candidature, sera déposé au Secrétariat de l'Académie.

M. le Président en remercie et en félicite M. Roy de Clotte.

L'Assemblée fixe ensuite au 26 juillet le vote sur la candidature de M. Maxwell.

La séance est levée à six heures moins le quart.

OUVRAGES OFFERTS A L'ACADÉMIE.

The Transactions of the royal Irish Academy, 1906.
Bulletin et Mémoires de la Société d'Anthropologie de Paris, 1906.
Mémoires de la Société d'Histoire et d'Archéologie de Chalon-sur-Saône, 1906.
Mémoires de l'Académie de Vaucluse, 1906.
Revue historique et archéologique du Maine, 1906.
Bulletin de la Société Industrielle de l'Est, à Nancy, 1906.
Bulletin de la Société des Sciences de l'Yonne, 1906.
Société Industrielle de Saint-Quentin et de l'Aisne, 1905 et 1906.
Bulletin de la Société de Borda, 1906.
Mémoires de la Société royale des Antiquaires du Nord, à Copenhague, 1904.
Revue philomathique de Bordeaux, 1906.

Etaient présents :

MM. P. de Loynes, F. Vassillière, de Bordes de Fortage, Paul Gautier, Camille Jullian, Baillet, Ducaunnès-Duval, Roy de Clotte, Garat, Gaston Leroux, Durègne, Marion, Jean Cabrit, F. Samazeuilh, E. Bouvy, P. Courteault, A.-R. Céleste, Brutails.

SÉANCE DU 26 JUILLET 1906.

Présidence de M. DE LOYNES, Président.

Le procès-verbal de la séance du 19 juillet est adopté.

M. le Secrétaire adjoint dépouille la correspondance :

M. le Maire de Bordeaux invite l'Académie à la distribution solennelle des prix des écoles communales de garçons et de filles qui doit avoir lieu les 29 et 30 juillet courant.

M. le Proviseur du Lycée adresse la même invitation pour la distribution des prix du Lycée de Bordeaux, dont la cérémonie est fixée au 28 juillet.

L'ordre du jour appelle ensuite le vote sur la candidature de M. Joseph Maxwell.

Le scrutin donne les résultats suivants :

Votants : 27. — M. Maxwell, 27 voix.

En conséquence, M. le Président proclame M. Joseph Maxwell élu, à l'unanimité, membre titulaire résidant, en remplacement de M. de Mégret de Belligny.

Puis il déclare que, conformément à la tradition, l'Académie s'ajourne au mois de novembre.

S'étaient fait excuser et ont voté par correspondance : MM. Denigès, Durègne, Clavel, Callen, Courteault, Baillet, Brutails, Ducaunnès-Duval, Gayon, Labat, Marion, Vassillière, de Nabias et de Sèze.

La séance est levée à cinq heures vingt.

OUVRAGES OFFERTS A L'ACADÉMIE.

Bulletin et Mémoires de la Société nationale des Antiquaires de France, 1906.
Annales de la Société d'Agriculture de la Loire, 1906.
Bulletin de la Société d'Agriculture de France, 1906.
Société d'Émulation 'd'Abbeville, 1906.
Proceedings and Transactions of the royal Society of Canada, 1906.
Journal des Savants, juillet et août 1906.
Tufts College Studies, 1906.
Proceedings of the American Academy of Arts and Sciences, 1906.
Proceedings of the royal Society, 1906.
Actes de la Société Linnéenne de Bordeaux, 1905.

Etaient présents :

MM. P. de Loynes, de Bordes de Fortage, Paul Gautier, Lanelongue, L. Drouyn, E. Bouvy, Camille Jullian, Brutails, Garat, A.-R. Céleste, Bergonié, G. Sarreau, Demons.

SÉANCE DU 8 NOVEMBRE 1906.

Présidence de M. DE LOYNES, Président.

Le procès-verbal de la séance du 26 juillet est lu et adopté.

Après avoir présenté les excuses de MM. Denigès, Garat, Jullian et Labat, le Secrétaire général dépouille la correspondance :

Envois pour les concours de 1906 :

1° *OEuvres complètes de saint Ennodius*, traduction française de M. l'abbé Léglise (1ᵉʳ vol.).

2° *Les Estivales*, poésies par M. G. Sézalory.

3° *La Jeune Hirondelle*, poésie manuscrite par M. Méfiant.

4° *Le Retour d'Oreste*, poème dramatique par M. Guérin aîné, 1 vol. imprimé.

5° *Etude sur le Monténégro*, par M. le Dr Milan-Paul Jovanovic. Manuscrit.

Ces envois seront répartis entre les Commissions compétentes.

Hommages à l'Académie :

1° *Une ancienne mine d'antimoine dans le Limousin aurifère;* technologie de l'antimoine, par M. Georges Hivert. Plaquette in-4°.

2° *Montesquieu, ses amis, sa famille, ses correspondants*, par M. Charles Avezac-Lavigne, 1 vol.

3° *Ostende centre d'art;* conférence inaugurale par M. Edmond Picard. — *Salon des Beaux-Arts d'Ostende.* 2 brochures in-8°.

Remerciements.

Circulaire du Comité d'action formé en vue de l'érection, à Bordeaux, d'un monument aux enfants de la Gironde morts pour la patrie en 1870-1871.

Sur la proposition de M. Gayon, trésorier, l'Académie, désireuse de participer à une œuvre de patriotique reconnaissance, vote la somme de 100 francs.

M. de Bordes de Fortage expose qu'il est de tradition constante à l'Académie qui, dès 1714, fondait le premier prix de physique proposé et décerné non seulement en France, mais en Europe, qu'une question de physique figure chaque année au programme des concours. Or, depuis le concours de 1902, dans lequel M. Henry Chevallier obtint une médaille d'or, avec un mémoire intitulé *Histoire du progrès de l'éclairage électrique...*, les programmes des concours suivants ne renferment plus de question de physique. Sur la proposition de M. de Bordes de Fortage, l'Académie décide que, conformément aux traditions, un prix de physique figurera désormais dans chacun des programmes de ses concours, et M. Gayon veut bien se charger de présenter, dans la séance prochaine, le sujet du programme de 1907.

D'après l'avis du Conseil, l'Académie déclare la vacance des fauteuils de MM. de Tréverret et Rayet, décédés, le premier en novembre 1905, le second en juillet 1906. La réception de M. Maxwell, élu, le 26 juillet, membre résidant, en remplacement de M. de Mégret de Belligny, est ensuite fixée à la prochaine séance, qui aura lieu le 22 novembre courant. Après avoir consulté l'Académie, M. le Président désigne comme parrains de notre nouveau confrère, MM. Roy de Clotte et Gautier. Puis, avant d'aborder l'ordre du jour, il adresse les condoléances de l'Académie à MM. Paul Gautier et Aurélien de Sèze qui, dans le courant des vacances, ont eu la douleur de perdre l'un et l'autre un frère auquel ils étaient tendrement attachés. M. Paul Gautier, présent à la séance, remercie M. le Président.

Enfin M. le Président présente le 66ᵉ volume des *Actes*, qui vient de paraître par les soins du Secrétaire général.

On passe à l'ordre du jour :

L'Académie procède au renouvellement de son Bureau pour 1907.

M. le Dʳ Pitres est élu vice-président. MM. Paul Gautier et Courteauld sont : le premier, réélu; le second, élu secrétaires adjoints.

MM. Gayon et Céleste conservent : le premier, les fonctions de trésorier, le second, celles d'archiviste.

MM. de Loynes, président sortant, et Ducaunnès-Duval remplacent au Conseil MM. Roy de Clotte et Manès, parvenus au terme de leur mandat.

En conséquence, le Bureau de l'Académie, pour l'année 1907, est composé comme suit :

MM. F. Vassillière, *Président;*
Pitres, *Vice-Président;*
de Bordes de Fortage, *Secrétaire général;*
P. Gautier,
P. Courteault, } *Secrétaires adjoints;*
U. Gayon, *Trésorier;*
R. Céleste, *Archiviste;*
de Loynes,
Ducaunnès-Duval,
Baillet,
Bouvy, } *Membres du Conseil.*

M. le Dr Pitres ayant obtenu la parole, remercie l'Académie de l'honneur qu'elle vient de lui faire en le nommant vice-président; mais il ajoute que les occupations et les travaux qui absorbent tout son temps, ne permettent pas au doyen de la Faculté de médecine d'assumer des charges nouvelles qu'il se verrait vraiment dans l'impossibilité de remplir, et il prie, en conséquence, l'Académie de vouloir bien désigner un autre de ses membres pour le mandat qu'à son grand regret il se sent, en ce moment, dans l'impossibilité d'accepter.

M. le Président et M. Roy de Clotte essaient vainement de faire revenir M. le Dr Pitres sur sa décision, et M. le Président, après avoir exprimé les vifs regrets de la Compagnie, renvoie la nomination d'un vice-président à la prochaine séance.

L'Académie fixe ensuite au jeudi 27 décembre pro-

chain, à huit heures et demie du soir, la date de la
séance publique solennelle pour la distribution des
récompenses de 1905.

L'ordre du jour de cette séance est ainsi arrêté :
    1° Discours d'ouverture du Président;
    2° Rapport du Secrétaire général sur les
        travaux de l'Académie en 1905;
    3° Discours de réception de M. Cabrit;
    4° Réponse de M. le Président;
    5° M. Durègne : *Une Académie à Barèges*
        en 1788;
    6° Distribution des récompenses.

Le programme des concours pour les prix à décerner en 1906 est aussitôt dressé. L'Académie constitue
les Commissions de ces concours de la manière suivante :

FONDATION FAURÉ.

MM. Baillet, Vassillière, Gayon, Denigès.

FONDATION DE LA GRANGE.

Linguistique.

MM. Dezeimeris, Brutails, Callen, Courteault et Ducaunnès-
Duval.

Numismatique.

MM. Dezeimeris, Brutails, Jullian, Bouvy, Marion.

FONDATION CARDOZE.

MM. Dezeimeris, Céleste, de Loynes, Callen.

Fondation Brives-Cazes.

MM. Jullian, Bouvy, Brutails, Courteault, Céleste, Callen, Marion.

Commission d'Archéologie.

MM. Jullian, Brutails, Bouvy, Callen.

Commission d'Histoire.

MM. Jullian, Céleste, Brutails, Bouvy, Callen, Marion, Courteault.

Commission d'Histoire naturelle, Physiologie et Médecine.

MM. Lanelongue, Pitres, Bergonié, Demons, de Nabias, Denigès, Baillet.

Commission d'Agriculture.

MM. Dezeimeris, Gayon, Vassillière, Baillet.

Commission de Géographie, Commerce maritime et Économie politique.

MM. Hautreux, Clavel, Manès, de Loynes, Samazeuilh, Durègne.

Commission des Beaux-Arts.

MM. Léon Drouyn, Leroux, Bouvy, Sarreau, Cabrit.

Commission des Sciences.

MM. Micé, Gayon, Pitres, Clavel, Bergonié, de Nabias, Denigès.

Commission de Poésie et de Littérature.

MM. de Bordes de Fortage, Gautier, Courteault.

Commission du prix d'Éloquence.

MM. Jullian, de Sèze, Roy de Clotte, de Loynes.

Commission de publication des « Actes ».

MM. Gayon, *trésorier;* Céleste, *archiviste;* Ducaunnès-Duval; de Bordes de Fortage, *secrétaire général.*

Le choix des sujets pour les prix d'éloquence et d'agriculture en 1907 est renvoyé à une séance ultérieure.

Après un échange de vues entre plusieurs membres au sujet du maintien aux concours de 1905 de l'ouvrage : *Les Origines du Lycée de Bordeaux,* déposé, l'année dernière, pour la fondation Brives-Cazes, par notre nouveau confrère, M. Paul Courteault, lequel a, d'ailleurs, manifesté l'intention de retirer purement et simplement son intéressante publication, la décision à intervenir est renvoyée au Conseil.

Puis M. le Président, après avoir constaté qu'il n'a pas encore été donné lecture d'un seul rapport, prie les Rapporteurs des Commissions de vouloir bien, vu l'urgence, faire connaître leurs conclusions dans la prochaine séance fixée au 22 courant.

La séance est levée à six heures et demie.

OUVRAGES OFFERTS A L'ACADÉMIE.

The Transactions of the royal Irish Academy, 1906.
Bulletins et Mémoires de la Société d'Anthropologie de Paris, 1906.
Mémoires de la Société d'Histoire et d'Archéologie de Chalon-sur-Saône, 1906.

Mémoires de l'Académie de Vaucluse, 1906.
Revue historique et archéologique du Maine, au Mans, 1906.
Bulletin de la Société Industrielle de l'Est, à Nancy, 1906.
Bulletin de la Société des Sciences de l'Yonne, 1906.
Société Industrielle de Saint-Quentin et de l'Aisne, 1905, 1906.
Bulletin de la Société de Borda, 1906.
Mémoires de la Société Royale des Antiquaires du Nord, à Copenhague, 1904.
Revue philomathique de Bordeaux, 1906.
Bulletin et Mémoires de la Société nationale des Antiquaires de France, 1904, 1905, 1906.
Annales de la Société d'Agriculture de la Loire, 1906.

Etaient présents :

MM. de Loynes, Vassillière, de Bordes de Fortage, Hautreux, Gayon, Pitres, Baillet, J. Manès, Jean Cabrit, Lanelongue, Brutails, A.-R. Céleste, Paul Gautier, P. Courteault, Marion, Durègne, Callen, Ducaunnès-Duval, Roy de Clotte.

SÉANCE DU 22 NOVEMBRE 1906.

Présidence de M. DE LOYNES, Président.

Le procès-verbal de la séance du 8 novembre est lu et adopté.

Le Secrétaire général dépouille la correspondance :

MM. Vassillière, Garat, Jullian et Labat s'excusent de ne pouvoir assister à la séance.

Lettre de M. le Maire annonçant qu'il autorise l'Académie à disposer, dans les conditions ordinaires, de l'amphithéâtre de l'Athénée, le jeudi 27 décembre prochain.

Envois pour les concours de 1906 :

1° *Le Chien de l'Aveugle*, quatre sonnets manuscrits avec cette devise :

But a little thing.

2° *Promenades d'un médecin à travers l'histoire*, par
M. le Dr J. Barraud.

Commissions de littérature et d'histoire.

M. le Président communique trois lettres par lesquelles MM. Dolhassarry, Nodon et le lieutenant-colonel
Bujac posent leurs candidatures : le premier, au fauteuil vacant de M. de Tréverret; le second et le troisième au fauteuil vacant de M. Rayet.

Conformément à l'article 50 des Statuts, ces trois
lettres sont renvoyées au Conseil.

M. le Président annonce que la réception de M. Maxwell, laquelle avait été fixée pour aujourd'hui même,
a dû, au grand regret de notre nouveau confrère,
retenu au Palais, être remise à la prochaine séance;
puis il expose que M. le vicomte de Borrelli, notre regretté confrère, à titre de membre correspondant, a
légué une collection de ses œuvres à l'Académie. Ces
volumes en grand papier et magnifiquement reliés en
maroquin janséniste, l'Académie peut les admirer aujourd'hui, ajoute M. le Président, Mme la vicomtesse
de Borrelli qui devait, sa vie durant, en conserver le
précieux dépôt, ayant eu la délicate pensée de s'en
dépouiller, en y ajoutant elle-même deux des manuscrits de son mari.

L'Académie, à l'unanimité, charge son Président et
son Secrétaire général d'adresser à Mme la vicomtesse
de Borrelli l'expression de sa respectueuse gratitude.

Suivant l'avis du Conseil, il est ensuite décidé que
le volume intitulé : *Les Origines du Lycée de Bordeaux*,
déposé l'année dernière par M. Courteault, sera, selon
le désir de notre confrère, retiré du concours et figurera, en conséquence, dans le programme, à titre

d'hommage à la Compagnie; — et, après une discussion à laquelle prennent part MM. le Président, le Trésorier et le Secrétaire général, ainsi que plusieurs membres, M. Céleste, archiviste, est autorisé à traiter de la collection disponible des *Actes* avec le libraire qui l'a demandée et au mieux des intérêts de la Compagnie.

Enfin, avant d'aborder l'ordre du jour, M. le Président adresse à notre cher confrère, M. Sarreau, dont la *Cité maudite* vient d'être consacrée par le retentissant succès qu'elle a obtenu au Grand-Théâtre de Bordeaux, les félicitations de l'Académie.

MM. Gayon et Bergonié font adopter pour le prix de physique de 1907 le sujet suivant : *Qu'y a-t-il de démontré et d'hypothétique dans les nouvelles idées sur la constitution de la matière ?*

On passe à l'ordre du jour :

Il est procédé à l'élection d'un vice-président pour 1907, en remplacement de M. le Dʳ Pitres, non acceptant.

Le scrutin donne les résultats suivants :

Suffrages exprimés	19
Majorité absolue	10
M. Durègne	18
M. de Nabias.....................	1

En conséquence, M. Durègne est proclamé vice-président pour l'année 1907.

M. Durègne, en quelques mots couverts d'applaudissements, remercie ses confrères, dont le complot infiniment aimable, dit-il, vient de l'élever à la vice-présidence, honneur qu'il accepte avec reconnaissance, mais non sans quelque appréhension.

Au nom des Commissions d'histoire, Brives-Cazes et de littérature et de poésie, MM. Céleste et Gautier lisent des rapports applaudis et dont les conclusions, prises en considération, sont renvoyées à la Commission générale des concours.

Sur la proposition de M. Céleste, l'Académie vote en principe l'établissement d'une catégorie de médailles de vermeil à partir des concours de 1905.

M. Brutails, au nom de la Commission La Grange (linguistique), présente, à son tour, un rapport verbal. Après quelques considérations exposées par le Secrétaire général, il est décidé que les conclusions de cette Commission qui ne sont pas encore absolument arrêtées, devront être définitivement formulées dans la prochaine séance fixée au 29 novembre prochain.

M. le Président remercie MM. Céleste, Gautier et Brutails.

La séance est levée à six heures trois quarts.

OUVRAGES OFFERTS A L'ACADÉMIE.

Bulletin de la Société d'Agriculture de France, 1906.
Société d'Émulation d'Abbeville, 1906.
Proceedings and Transactions of the Royal Society of Canada, 1906.
Journal des Savants, juillet et août 1906.
Tufts College Studies, 1906.
Proceedings of the American Academy of Arts and Sciences, 1906.
Proceedings of the Royal Society, 1906.
Actes de la Société Linnéenne de Bordeaux, 1905.
Comité des Travaux historiques et scientifiques, 1905.
Atti della Accademia di Scienze, Lettere e Arti degli Agiati in Rovereto, 1906.
Proceedings of the Royal Irish Academy, 1906.

Bulletin de la Société d'Agriculture de Boulogne-sur-Mer.
Société des Sciences de la Basse-Alsace.
The Kyoto Imperial University Calendar, 1906.
Annual Report of the Department of the Interior, 1904.

Etaient présents :

MM. P. de Loynes, de Bordes de Fortage, L. Drouyn, J. Manès, Lanelongue, B. de Nabias, Paul Gautier, P. Courteault, Baillet, Marion, Denigès, Gayon, Brutails, de Sèze, A.-R. Céleste, Ducaunnès-Duval, Durègne, Bergonié, Callen, Roy de Clotte, Bouvy.

SÉANCE DU 29 NOVEMBRE 1906.

Présidence de M. DE LOYNES, Président.

Le procès-verbal de la séance du 22 novembre est lu et adopté.

Le Secrétaire général dépouille la correspondance :

MM. Garat, Labat et de Nabias se font excuser.

Lettre de remerciement du Comité d'action fondé à Bordeaux en vue de l'érection d'un monument aux enfants de la Gironde morts pour la patrie en 1870-71.

Hommage à l'Académie :
Etudes ethnographiques, par M. le Dr E. Verrier, 1 vol. in-12. — Remerciements.

M. le Président fait savoir que, de concert avec le Secrétaire général, il a adressé à Mme la vicomtesse de Borrelli une lettre de remerciements ainsi conçue :

Bordeaux, 23 novembre 1906.

MADAME,

Vous venez de nous remettre les exemplaires de ses œuvres que notre regretté confrère, M. de Borrelli, avait destinés à notre Compagnie. Vous avez eu la délicate pensée de nous donner, en même temps, les deux manuscrits de *In memoriam* et de *Kashiwadé,* conte japonais.

Au nom de l'Académie nationale des Sciences, Belles-Lettres et Arts de Bordeaux, qui nous en a spécialement chargés, nous vous adressons l'expression de notre reconnaissance. Nous conserverons avec un soin pieux ce précieux dépôt, honorant ainsi la mémoire du poète et du soldat dont le cœur a toujours battu pour la France et pour les nobles et saintes causes.

Veuillez agréer, Madame, l'hommage de notre gratitude et de notre respect.

L. DE BORDES DE FORTAGE,   P. DE LOYNES,
Secrétaire général.   *Président.*

A Madame la vicomtesse de Borrelli,

    30, rue La Fayette, Versailles.

On passe à l'ordre du jour :

MM. Brutails et Vassillière présentent tour à tour des rapports applaudis au nom des Commissions La Grange (linguistique) et d'agriculture. Les conclusions des Rapporteurs, prises en considération, sont renvoyées à la Commission générale des concours, et M. le Président remercie MM. Brutails et Vassillière.

M. Maxwell, introduit à ce moment par ses parrains, MM. Roy de Clotte et Gautier, prononce ce discours de remerciements :

MESSIEURS,

Je ne saurais assez remercier l'Académie de Bordeaux de l'honneur qu'elle me fait en m'accueillant. Il me faut lui marquer d'autant plus de gratitude que je dois cette faveur à sa bienveillance seule. Beaucoup de nos concitoyens sont plus dignes que moi d'en faire partie, et j'ai peine à trouver, Messieurs, les raisons qui justifieraient votre choix.

Peut-être avez-vous désiré montrer votre sollicitude pour ceux qui ont le goût du travail, en admettant dans vos rangs un magistrat qui est en même temps médecin. C'est assurément le motif auquel vous avez obéi, car je ne pense pas que vous ayez voulu me confier la mission de représenter la magistrature dans votre Compagnie : trop de mes collègues eussent mieux que moi mérité cet honneur. Veuillez donc, Messieurs, agréer mes remerciements sincères.

Je voudrais être digne de votre choix; je voudrais pouvoir remplacer auprès de vous celui à qui je succède. Malheureusement, je ne ferai qu'occuper sa place et je ne saurai jamais vous faire oublier la figure originale qui a disparu avec lui. A vrai dire, M. de Mégret n'appartenait pas au XIXᵉ siècle : il semblait être un de ces grands négociants du XVIIIᵉ, à la fois hommes d'affaires et hommes de lettres, qui savaient honorer également Mercure et les Muses. C'est à eux surtout que notre ville a dû l'éclat dont elle a brillé sous les règnes de Louis XV et de Louis XVI; leur génie commercial assurait la prospérité matérielle de notre ville, tandis que leur goût et leur culture en embellissaient l'aspect et en affinaient les mœurs.

C'est à ces hommes que ressemblait intellectuellement M. de Mégret : il était né en 1826 à Santiago-de-Cuba, mais il vint de très bonne heure en France et il fit ses études à Paris et à Bordeaux. Il retourna à Cuba à l'âge de dix-huit ans et y vécut jusqu'en 1864. Depuis cette époque, il ne cessa plus d'habiter notre ville : votre Compagnie lui avait ouvert ses rangs dès 1865. M. de Mégret avait publié en 1861 un drame en vers : *Une Conspiration sous Louis XIII;* il y avait mis en scène le jeune comte de Chalais, qui paya de sa tête ses attaques contre Richelieu. En 1863, il avait donné un proverbe en vers : *Trop parler nuit.*

En 1866, il prononçait son discours de réception et vous parlait du commerce et de son influence sur les arts : personne ne pouvait traiter avec plus de compétence un pareil sujet.

Deux ans après, le Théâtre-Français donnait son drame en quatre actes et en vers, *Kosciuszko;* cette pièce eut un succès considérable. En 1857, le Grand-Théâtre de Bordeaux jouait *Mademoiselle de Kerven*, opéra comique de M. Rinck, dont M. de Mégret avait écrit le libretto.

Votre collègue, Messieurs, ne s'est pas borné à traiter des sujets européens; il a écrit, en prose, un drame emprunté à la vie cubaine : *la Reine des Vaudour*, qui est un épisode de l'insurrection contre l'Espagne; ce drame a été publié en 1876; c'est peut-être celle de ses œuvres que je goûte le plus, car l'auteur nous peint des passions violentes et des mœurs étranges observées par lui. En 1881, il donnait au public : *Cuba en 1511;* en 1887, *le Roman de Geneviève*, saynète, et *Dodoche*, comédie en trois actes; en 1888, *un Poète cubane*, discours prononcé à votre séance du 26 décembre; en 1892, *les Basques ou la Sorcière d'Espelette*, drame lyrique en trois actes écrit avec la collaboration de M. Loquin; en 1893, *la Charmeuse*, opéra en cinq actes. Depuis, M. de Mégret a surtout écrit des poésies où l'on retrouve cette élégance naturelle et cette facilité qui me paraissent les traits distinctifs de son gracieux talent.

La muse qui avait inspiré la jeunesse et l'âge mûr de mon prédécesseur lui est restée fidèle; à 78 ans, il vous adressait encore cette épître charmante où il rappelle les noms des plus illustres de vos anciens collègues. C'est véritablement à ces intelligences vigoureuses, à ces esprits délicats, à ces âmes toujours fraîches, comme celle de M. de Mégret, que l'on peut appliquer ce vers de son épître :

Toi, tu resteras jeune et sans ride à ton front.

M. de Mégret n'est pas le seul d'entre vous, Messieurs, qui ait eu l'âme douée d'une sorte d'immortelle jeunesse et dans laquelle les sœurs sacrées aiment à jeter la cadence de leur inspiration.

Quoi de plus naturel, d'ailleurs ? Elles doivent se sentir à l'aise ici, et je dirais volontiers, si vous vouliez excuser cette expression un peu païenne, qu'elles doivent avoir l'illusion d'être encore dans leur temple et au milieu de leurs fidèles. Vous avez réussi à conserver à leur culte un asile paisible, à maintenir un de ces centres régionaux où l'amour des arts, des lettres et des sciences est une tradition respectée. Ils se font malheureusement plus rares

chaque jour dans notre pays, où la vie intellectuelle s'affai·
blit dans les provinces pour s'exagérer dans la capitale,
au détriment de celle-ci qui s'enfièvre et de celles-là qui
s'anémient. Puisse un avenir prochain lui apporter le re-
mède nécessaire à la conservation de sa santé ! C'est dans
des Compagnies comme la vôtre qu'il trouvera les ressorts
de sa force future, fruit d'un équilibre et d'une harmonie
nécessaires.

Et c'est justement, Messieurs, ce qui me fait douter de
mes forces; mieux je comprends l'importance de votre
mission, moins je me trouve digne d'avoir été appelé par
vous à m'y associer.

M. le Président répond à M. Maxwell dans les termes
suivants :

Monsieur,

Par son titre, par les lois de son institution, par la nécessité où elle se trouve de juger les ouvrages présentés à
ses nombreux concours, notre Académie doit appeler dans
son sein des représentants autorisés des arts, des diverses
branches de la science et de la littérature. Cette juste préoccupation inspire nos choix et explique des contrastes devant
lesquels ne s'arrêtent pas nos suffrages.

C'est ainsi que vous êtes appelé à succéder à M. de Mégret de Belligny. Le confrère que nous avons perdu avait
été un commerçant des plus distingués, que les électeurs
appelèrent à l'honneur de siéger au Tribunal de commerce,
un citoyen dévoué à toutes les œuvres d'utilité publique, un
administrateur vigilant et éclairé de sa commune. Malgré
ces nombreuses occupations, son activité savait cependant
se ménager des loisirs, et il les consacrait à la poésie et au
théâtre. Vous venez de nous rappeler ce que fut son œuvre.
Le moment n'est pas venu pour moi de vous suivre dans
cette étude. Il me sera toutefois permis de dire que de son
pays natal il avait conservé l'éclat et la chaleur de l'expression. Nous n'oublions pas ces strophes enflammées, ces
phrases sonores, ces mots éblouissants qui lui servaient à

peindre alternativement les plus pures délicatesses et les sentiments les plus élevés. Je n'insiste pas, car c'est surtout des titres qui vous recommandaient à notre choix que je dois parler. Ils sont assez nombreux pour faciliter ma tâche.

Vous êtes un magistrat. Votre élection renoue la tradition qui a si souvent rapproché notre Compagnie du Parlement de Bordeaux et de la magistrature contemporaine. Pour ne citer que les exemples les plus récents, M. le Premier Président Izoard et M. le Conseiller Brives-Cazes ont laissé parmi nous les plus vivants souvenirs. Je ne ferai que rappeler en passant le nom de M. le Premier Président Delcurrou. Il nous appartenait à peine qu'il fut appelé à la Cour de cassation avec une telle rapidité qu'il n'eut même pas le temps de prendre séance.

Vous êtes un travailleur. Grand est le nombre des Sociétés savantes auxquelles vous appartenez et auxquelles vous apportez le fruit de vos recherches. L'Institut colonial n'a pas de partisan plus convaincu que vous; son succès est dû en grande partie à vos efforts et à votre collaboration. La Société des Amis de l'Université aussi espère beaucoup de votre présidence.

Votre esprit, curieux des choses de la nature, devait vous porter, avec une force presque irrésistible, vers l'étude des lois qui président à la vie. Quoi de plus attrayant que des sciences qui nous ouvrent constamment des horizons nouveaux ou nous permettent de vérifier, par des expériences répétées, l'exactitude des théories admises ou proposées ? Nous avons le droit de contredire les affirmations qui ne s'appuient pas sur des observations contrôlées; nous n'avons peut-être pas le droit de dire qu'elles sont contraires à la vérité.

Vous avez voulu, Monsieur, faire servir vos études scientifiques au progrès des sciences juridiques, auxquelles vous vous êtes plus particulièrement voué. C'est ainsi que vous avez été amené à discuter des questions singulièrement délicates et épineuses. Dans un de ces discours qui ouvraient jadis l'année judiciaire, et dont l'apparat solennel a probablement paru superflu pour la dignité de la justice et peu en harmonie avec la simplicité d'une société démocratique, vous avez examiné, à la lumière de nombreux documents, quelques cas de responsabilité médicale. Vous vous êtes notamment demandé si le chirurgien peut opérer le malade sans son consentement. Avec une grande puissance d'argumentation, vous avez combattu l'opinion de M. le Dr Pinard et soutenu que « la mère a le droit de conserver son intégrité corporelle, même aux dépens de son fruit ». Vous avez eu la satisfaction de voir la Société de Médecine légale adopter en principe votre opinion. La Cour d'Aix la consacrait dans un arrêt du 22 octobre dernier.

Associé à l'œuvre de la justice, vous étiez nécessairement conduit à apprécier la valeur du témoignage humain ou des dénégations d'un accusé. C'est ainsi que votre attention a été attirée par la question de l'amnésie. Vous l'avez abordée dans un discours prononcé en 1902. Vous l'avez reprise et développée dans votre thèse sur *l'amnésie et les troubles de la conscience dans l'épilepsie*. Vous insistez particulièrement sur la notion si discutée de l'amnésie retardée. Au nombre des auteurs dont les observations et les ouvrages ont facilité vos recherches, je tiens à rappeler un nom qui nous est toujours cher, celui du Dr Azam, dont les publications ont honoré nos *Actes*.

Ces recherches vous ont entraîné, par une pente presque fatale, vers l'étude de l'occultisme. Cette tendance se manifeste, dès 1894, dans votre discours sur le mysticisme contemporain et le droit pénal. Elle s'affirme plus énergiquement dans votre discours sur un magistrat hermétiste, Jean d'Espagnet, président au Parlement de Bordeaux. La sympathie qu'il vous inspire apparaît dans le portrait flatteur que vous nous en faites en ces termes :

« Le magistrat dont j'ai essayé de vous résumer les idées philosophiques et scientifiques n'en est pas moins un personnage curieux à cette époque si riche déjà en figures originales. Il se détache même de ses contemporains avec un singulier relief, ce président au Parlement qui s'enferme dans son laboratoire d'alchimiste, s'entoure de cornues et d'alambics, chauffe avec une inlassable patience, sur l'athanor perpétuellement embrasé, le ballon de cristal

où infuse la rouge teinture, source de santé et de richesse;
même dans sa chimère, il intéresse et il attache; il nous
prêche le mépris de l'or qu'il nous enseigne à fabriquer; il
poursuit un idéal élevé, si haut placé même qu'il nous
paraît presque inaccessible. Sa philosophie, pleine du sentiment de la fraternité et de la solidarité des êtres, nous
montre la vanité des choses matérielles, nous fait entrevoir
ces régions sereines où l'âme, dégagée de toute matière,
épurée de tout sentiment grossier, se perdra dans l'infinie
contemplation de la divinité bienfaisante, dont l'amour l'appelle aux éternelles joies de l'esprit. »

Vous vous livrez, avec une pleine indépendance et une
légitime curiosité, à l'étude de ces phénomènes qui sont en
dehors et à côté de la science positive dans l'espérance
qu'ils seront bientôt inscrits sur le livre de nos connaissances. Vous savez que la science gagne ce que perd
l'occultisme, et que ses progrès reculent les frontières de
l'inconnu. Vous aspirez même au moment où l'explication
de tous ces phénomènes laissera l'homme face à face avec
le surnaturel.

Vous essayez aussi d'expliquer dans des discours, dans
des brochures, dans un ouvrage dont la haute valeur est
attestée par son succès en France et à l'étranger, les théories diverses qui ont été proposées. Vous parlez avec une
indiscutable compétence du spiritisme, de la théosophie,
dans lesquels vous êtes porté à voir une religion plutôt
qu'une science, de la force psychique radiante, du périsprit,
du corps astral.

Je ne vous suivrai pas sur ce terrain, où mes pas seraient
mal assurés et où mon intelligence redouterait les sur-
prises.

Mais j'estime que la véritable discipline scientifique nous
commande de commencer par l'observation des faits. Il faut
en établir la réalité avant d'en rechercher l'explication.

Le champ qui s'offre à nos investigations est assez vaste
pour suffire à notre activité. La télépathie et les prémoni-
tions, les apports lointains, les matérialisations, la suggestion mentale et la communication de la pensée, les déplace-
ments voisins sans contact avec les maisons hantées, les

rapts, la clairvoyance ou faculté de voir à travers les corps opaques sont des phénomènes de nature à solliciter notre attention.

La démonstration est délicate et difficile. On peut observer. On ne peut pas expérimenter. Tout contrôle scientifique paraît impossible. Nous sommes même impuissants à déterminer les conditions dans lesquelles ces phénomènes sont susceptibles de se reproduire. Ordinairement, un médium est indispensable; il n'est pas facile de le rencontrer. Alors même qu'on l'a découvert, des circonstances contingentes viennent souvent empêcher le succès de ces tentatives.

Enfin et surtout, il y a lieu de redouter la fraude consciente ou inconsciente des médiums. Dans bien des cas, vous l'avez entrevue ou redoutée. Votre article sur l'aventure du médium aux fleurs, votre étude si précise sur les séances de la villa Carmen en sont la meilleure preuve.

Les observations que vous pouvez faire n'en sont pas moins des plus captivantes. Nous sommes prêts à en écouter le récit. Nous l'accueillerons toutefois avec cet esprit de réserve et de critique qui est à la base de toute science. C'est vous dire l'intérêt avec lequel nous attendons les communications que vous nous réservez. C'est vous dire aussi la satisfaction entière avec laquelle je vous souhaite la bienvenue au sein de notre Compagnie.

Ces discours sont applaudis, et M. Maxwell prend séance à la gauche de M. le Président.

La parole est ensuite donnée à M. Roy de Clotte. Notre confrère, au nom de la Commission du prix d'éloquence, présente un rapport verbal qui soulève d'unanimes applaudissements.

M. le Président remercie le Rapporteur, dont les conclusions sont prises en considération et renvoyées à la Commission générale des concours.

La séance est alors suspendue, et la Commission

générale des concours, formée immédiatement, étudie les propositions formulées par les différentes Commissions de l'Académie, en vue des concours de 1905. Après une discussion à laquelle tous ses membres prennent part, la Commission attribue les prix des fondations et émet l'avis de décerner trois médailles d'or, une médaille de vermeil, quatre médailles d'argent, une médaille de bronze, quatre mentions honorables.

L'Académie ayant repris séance, le Secrétaire général fait connaître les conclusions de la Commission générale des concours.

Après en avoir délibéré, l'Académie décerne les prix et les récompenses pour les concours de 1905. Le Secrétaire général ouvre les plis cachetés qui sont joints aux ouvrages anonymes couronnés. Les prix, les récompenses et les dates des prochains concours restent définitivement arrêtés comme suit :

FONDATION FAURÉ

Le prix sera décerné s'il y a lieu en 1913 (concours de 1912).

FONDATION DE LA GRANGE

Linguistique.

Le prix de cette fondation est attribué à M. l'abbé Daugé, curé de Beylongue (Landes), pour un volume intitulé : *Grammaire gasconne; Dialecte d'Aire.*

FONDATION CARDOZE

Les prix quinquennal et triennal de cette fondation seront décernés, s'il y a lieu, en 1909.

FONDATION BRIVES-CAZES

Ce prix est décerné à M. l'abbé Lamartinie, curé de
Saint-Michel-de-Fronsac (Gironde), auteur d'un volume
intitulé : *Un coin du Fronsadais.*

FONDATION ARMAND-LALANDE

Le prix de cette fondation sera décerné pour la pre-
·mière fois en 1908 (concours de 1907).

PRIX DE LA VILLE DE BORDEAUX
Éloquence.

Le prix de 500 francs de cette fondation est attribué
à M. René Rey, avocat à Bordeaux, auteur d'un
mémoire manuscrit intitulé : *Eloge du président de
Gourgue.* Devise :

Juvenes fortuna juvat.

PRIX DE L'ACADÉMIE
1° Histoire.

1° Une MÉDAILLE D'OR à M. Maurice Campagne (Lot-
et-Garonne), pour un volume intitulé : *Histoire des
Bacalan du quinzième au vingtième siècle.*

2° Une MÉDAILLE D'OR à M. Marcel Nési, auteur d'un
manuscrit ayant pour titre : *Essai sur l'Administration
générale d'un district pendant la Révolution. Le district
de Cadillac, 10 juillet 1790-15 frimaire an IV*, avec
cette devise :

Temperat intemperantem.

3° Une MÉDAILLE DE VERMEIL à M. le Dr Couyba, de

Sainte-Livrade (Lot-et-Garonne), pour son volume : *La peste en Agenais au dix-septième siècle.*

4° Une MÉDAILLE D'ARGENT à M. Gabriel Lafon, de Terrasson (Dordogne), pour son volume intitulé : *Gabriel Bouquier de Terrasson, député à la Convention nationale.*

5° Une MÉDAILLE D'ARGENT à M. Trébucq, pour un mémoire manuscrit ayant pour titre : *Un coin du Béarn : Salies.*

2° Agriculture.

Une MENTION HONORABLE à M. Louis Perreau, de Langon, pour un mémoire manuscrit intitulé : *Etude sur la maladie dite du Blanc de tabac*, avec cette devise :

Magna parens frugum.

3° Littérature et Poésie.

1° Une MÉDAILLE D'OR à M. Henri-René Lafon, pour un recueil manuscrit de poésies ayant pour titre : *Sentiers perdus*, avec cette devise :

Sta viator !

2° Une MÉDAILLE D'ARGENT à M. Jean de la Rocca, auteur d'un recueil manuscrit de poésies intitulé : *Au bois joli.*

3° Une MÉDAILLE D'ARGENT à M. Paul Rabot, de Castelnau (Médoc), pour sa pièce manuscrite en un acte et en vers : *Au seuil du repos.*

4° Une MÉDAILLE DE BRONZE à M. Hermann Derose, pour un recueil manuscrit de nouvelles en prose intitulé : *L'Enfant adorable.*

5° Une MENTION HONORABLE à Mᵘᵉ Maria Thomazeau,

de Boin (Vendée), pour un recueil manuscrit ayant pour titre : *Glanes poétiques.*

6° Une MENTION HONORABLE à M. Charles Traversier, de Paris, pour deux poésies manuscrites : *Le Cauchemar de Jeanne; Un Cuirassier de Reischoffen.*

7° Une MENTION HONORABLE à M. François Fournier, pour son volume de poésies : *Fleurs d'avril.*

Les deux ouvrages suivants : *Histoire de Messire Claude Joly, évêque et comte d'Agen,* 1 vol. in-8°, et *Armorial du Bordelais,* 3 vol. in-4°, par M. Pierre Meller, envoyés au concours d'histoire 1905, sont, suivant les conclusions de la Commission, écartés de ce concours. L'*Armorial du Bordelais* prendra rang parmi les hommages adressés à l'Académie. Remerciements.

MM. Vassillière et de Bordes de Fortage font ensuite adopter pour le concours d'agriculture et le prix d'éloquence de 1907, les sujets suivants :

1° *Les produits secondaires de la vigne : feuilles, sarments, marcs et râpes; leur utilisation dans l'alimentation du bétail; récolte, préparation, conservation, administration; prix de revient; leur rôle économique dans la production animale.*

2° *Le président J.-Ch. Lavie, ses œuvres, ses relations avec Montesquieu.*

M. le Président fait connaître l'avis du Conseil en ce qui concerne les candidatures de MM. Dolhassarry, Nodon et Bujac, la première, au fauteuil vacant de M. de Tréverret, la seconde et la troisième, au fauteuil vacant de M. Rayet.

En conséquence de cet avis :

La candidature de M. Nodon, qui n'habite Bordeaux que depuis fort peu de temps, est tout d'abord réservée, et M. le Président, après avoir consulté l'Académie, désigne, en vue des rapports d'usage : MM. Roy de Clotte, A. de Sèze et Sarreau pour M. Dolhassarry, candidat au fauteuil vacant de M. de Tréverret; — MM. Clavel, Gayon et Durègne pour M. le lieutenant-colonel Bujac, candidat au fauteuil vacant de M. Rayet.

La séance est levée à sept heures.

OUVRAGES OFFERTS A L'ACADÉMIE.

Mémoires de la Société des Naturalistes de Kiew.
United States Geological Survey, 1905 et 1906.
Journal des Savants, septembre 1906.
Boletin mensal do Observatorio do Rio de Janeiro, 1906.
Société des Antiquaires de l'Ouest, à Poitiers, 1906.
Bulletin historique et scientifique de l'Auvergne, 1906.
Mémoires de l'Académie de Stanislas, 1906.
Société d'Agriculture et de Commerce de Caen, 1906.
Société d'Agriculture de la Seine-Inférieure, 1906.
Bulletin de l'Académie Delphinale, 1906.
Société nationale des Antiquaires de France, à Paris, 1905.
Bulletin de la Société Belfortaise d'Émulation, 1906.
Revue économique de Bordeaux, 1906.
Revue philomathique de Bordeaux, octobre 1906.

Etaient présents :

MM. de Loynes, Vassillière, de Bordes de Fortage, Denigès, Lanelongue, J. Manès, Jean Cabrit, Clavel, Ducaunnès-Duval, Baillet, Demons, Samazeuilh, Durègne, Gayon, P. Courteault, Brutails, Callen, Leroux, A.-R. Céleste, Maxwell.

SÉANCE DU 13 DÉCEMBRE 1906.

Présidence de M. DE LOYNES, Président.

Le procès-verbal de la séance du 29 novembre est lu et adopté.

Le Secrétaire général dépouille la correspondance :

MM. Courteault, Garat, Jullian, Labat et Maxwell se font excuser.

Réponse de Mme la vicomtesse de Borrelli à la lettre de remerciements de l'Académie.

Remerciements de MM. Couyba, Daugé et René Rey pour les récompenses qui leur ont été décernées.

L'Académie des Sciences, Agriculture, Arts et Belles-Lettres d'Aix communique le programme du prix *Thiers*, d'une valeur de 3,000 francs. Ce prix, fondé par Mlle Dosne, sera décerné dans la séance publique de juin 1907, au meilleur ouvrage soumis au jugement de l'Académie d'Aix, sur un sujet intéressant la Provence.

Envois pour les concours de 1906 :

1° *La Côte d'Argent*, par M. Maurice Martin, 1 vol.

2° *Pierre Corneille, à l'occasion du troisième centenaire de sa naissance*, poésie manuscrite.

> *Devise :* Appelé en témoignage devant les juges rouennais, etc.

3° *Boïeldieu*, poésie manuscrite.

> *Devise :* Les vers doublent le prix de la pensée.

4° *Pays de Saintonge*, poésies, par M. Pierre Ardouin, 1 vol.

5° *Méthode pour apprendre à enseigner le piano*, par Mme Paula Barillon-Bauché, 1 vol.

6° *Cure marine de la tuberculose pulmonaire*, par MM. les Drs Louis et Paul Murat, 1 vol.

Tous ces envois seront répartis entre les Commissions compétentes.

Hommage à l'Académie :

Etude spectroscopique des étoiles nouvelles, par
M. Nodon, docteur ès sciences. Remerciements.

M. le Président communique une lettre par laquelle
M. le chanoine Ferrand, curé de Baurech, donne, pour
des motifs d'ordre intime, sa démission de membre
résidant. L'Académie, douloureusement impressionnée
par cette décision d'un de ses membres les plus appréciés et aimés, et qui, depuis dix-huit ans, lui a rendu
tant de services, refuse, à l'unanimité des membres
présents, d'accepter la démission de M. le chanoine
Ferrand, et charge son Président et son Secrétaire
général de transmettre son refus avec l'expression de
son attachement à notre cher confrère.

On passe à l'ordre du jour :

Au nom de la Commission dont ils font partie avec
M. Gaston Sarreau, MM. Roy de Clotte et de Sèze présentent, tour à tour, un rapport sur la candidature
de M. Lucien Dolhassarry au fauteuil vacant de M. de
Tréverret. Ce rapport très complet et où sont magistralement exposés les titres du candidat, titres si divers
que chacun des membres de la Commission a dû y
apporter la contribution de sa compétence personnelle,
est accueilli par des applaudissements unanimes. Conformément à l'article 54 des *Statuts*, il restera déposé
au Secrétariat, où chacun des membres de l'Académie
pourra en prendre connaissance, jusqu'au 10 janvier,
date fixée pour le vote sur la candidature de M. Dolhassarry.

M. le Président remercie les Rapporteurs.

Sous le titre suivant : *La Peste bovine et l'Académie*,

M. Baillet lit alors un travail dans lequel il passe en revue les diverses épizooties qui, depuis 1775, ont causé à l'Agriculture régionale et par contre à l'Etat lui-même des pertes considérables. Il énumère les progrès qui enrayèrent successivement dans leur marche ces maladies contagieuses, et rappelle les travaux que l'Académie de Bordeaux, s'occupant toujours des sujets les plus intéressants comme les plus utiles, a consacrés à cette importante question, notamment au cours du xviii⁰ siècle. Avec la sûreté de jugement et la science du praticien, M. Baillet analyse quelques-uns de ces travaux, en particulier le très intéressant mémoire lu à l'Académie en 1775 par Jean-Baptiste Secondat, fils de Montesquieu, et ayant pour titre : *Mémoire sur la maladie pestilentielle des bœufs*, et pour épigraphe : *Omnis homo miles*. La savante communication de M. Baillet obtient l'accueil le plus favorable, et la promesse de nouvelles lectures sur le même sujet, par laquelle elle se termine, est couverte d'applaudissements. Le travail de M. Baillet sera inséré dans les *Actes*, et M. le Président adresse félicitations et remerciements à notre confrère.

La séance est levée à six heures et demie.

OUVRAGES OFFERTS A L'ACADÉMIE.

Bulletin de la Société Archéologique et Historique de Tarn-et-Garonne, 1905.
Annales de l'Académie de Mâcon, 1904.
Geological Survey, 1904.
Smithsonian Institution, 1904-1905.
Mémoires de l'Académie impériale des Sciences de Saint-Pétersbourg, 1905-1906.
Annales du Musée Guimet, 1906.
Société nationale d'Agriculture de France, 1906.

Revue de l'Histoire des religions, 1906.
Mémoires de l'Académie de Vaucluse, 1906.
Archives du Musée Teyler, 1906.
Geology of Essex Country Mass, 1905.
Transactions of the Astronomical Observatory of Yale University, 1906.
Opere Matematiche di Francesco Crisschi, 1906.
Portugalia, 1906.
Proceedings of the Academy of natural Sciences of Philadelphia, 1906.
Mémoires de la Société d'Anthropologie de Paris, 1906.

Etaient présents :

MM. de Loynes, Vassillière, de Bordes de Fortage, Dezeimeris, Leroux, J. Manès, Gautier, Demons, de Sèze, Lanelongue, Samazeuilh, Jean Cabrit, A.-R. Céleste, Callen, Durègne.

SÉANCE PUBLIQUE DU 27 DÉCEMBRE 1906.

Présidence de M. DE LOYNES, Président.

Un public d'élite, composé des notabilités du monde littéraire, artistique et scientifique, de représentants de l'Université, de la Magistrature et du Barreau, et dans lequel figurent, comme chaque année, un grand nombre de dames en élégantes toilettes, envahit de bonne heure les gradins du vaste amphithéâtre de l'Athénée.

M. Alfred Daney, maire de Bordeaux et membre honoraire de l'Académie, M. le Général en chef, se sont fait excuser.

M. Mestrezat, adjoint aux beaux-arts, représente la Municipalité et siège au Bureau, à la droite de M. le Président.

La séance est ouverte à huit heures et demie par M. de Loynes, lequel, dans un discours humoristique et de forme très littéraire, aborde quelques-uns des problèmes du féminisme.

Après avoir rendu avec autant de compétence que d'élévation un magnifique hommage à notre Code civil, l'éminent jurisconsulte étudie en particulier les questions relatives à la femme mariée et indique en juriste, en philosophe, les modifications qu'il conviendrait d'apporter aux lois qui font perdre à la femme sa nationalité, par le mariage. M. le Président termine en racontant avec beaucoup de charme, à l'appui de sa thèse, la triste histoire de deux jeunes Françaises qui, ayant épousé, la première un Chinois, la seconde un Japonais, et étant parties pleines d'illusions, au bras de leurs maris, pour leurs nouvelles patries, y furent abreuvées d'amertumes causées surtout par les exigences de lois et de mœurs nouvelles qu'elles n'étaient point préparées à subir. Les conclusions de ce beau discours, affirmant la nécessité de protéger les femmes dans certaines conditions sociales, ont été saluées par d'unanimes applaudissements.

M. de Bordes de Fortage, secrétaire général, donne lecture du rapport d'usage sur les travaux et les événements qui remplirent l'année académique 1905.

Après lui, M. Cabrit prononce son discours de réception. Le sympathique et magistral éloge que fait le récipiendaire, avec la compétence du technicien et l'émotion de l'artiste et de l'ami, de notre grand peintre bordelais Auguin, évoque tour à tour l'homme intime, le croyant, le poète, le maître qui peignit *les paupières demi closes et le cœur largement ouvert.*

Quelques extraits, heureusement choisis dans les lettres d'Auguin à la femme d'élite qu'il venait d'épouser et qui prouvent que le grand artiste, comme son ami Eugène Fromentin, maniait aussi bien la plume que le pinceau, soulèvent une réelle émotion dans l'auditoire.

M. Cabrit continue son beau discours par une étude sur notre école paysagiste bordelaise et le termine par un hommage ému et magnifique à cette *Journée d'été à la Grande Côte*, considérée à la fois comme la synthèse de notre golfe de Gascogne et l'un des chefs-d'œuvre de notre Musée. Cette péroraison est saluée par des applaudissements sans fin.

M. de Loynes répond à M. Cabrit, dont il retrace avec élégance et précision la carrière d'artiste délicat et sincère. Il loue l'administrateur éclairé et vigilant qui, par d'heureuses initiatives et d'habiles remaniements, a transformé les galeries de notre Musée. M. le Président cite les œuvres de M. Cabrit récompensées au Salon de Paris ou achetées par l'Etat, et qui toutes assurent à leur auteur une place enviable dans l'art contemporain. « Peintre, ajoute-t-il en terminant, vous avez parlé en poète; vous serez le digne successeur d'Auguin à l'Académie. »

Enfin, M. Durègne fait, sous le titre suivant : *Une Académie à Barèges en 1788*, une aimable et humoristique lecture, dans laquelle le savant, le pyrénéiste, le lettré spirituel et délicat se font tour à tour applaudir.

Le Secrétaire général appelle les lauréats des concours de 1905. La plupart sont présents et viennent, aux applaudissements sympathiques de l'assistance, recevoir des mains de M. le Président les récompenses qui leur sont décernées.

M. le Président remercie, en quelques mots, le brillant auditoire qui n'a pas hésité à braver les rigueurs de la saison pour répondre à l'invitation de l'Académie et lève la séance à onze heures.

OUVRAGES OFFERTS A L'ACADÉMIE.

Observations pluviométriques et thermométriques, par M. F. Courty 1906.

Société des Sciences physiques et naturelles de Bordeaux, 1906.

Memorias y Revista de la Sociedad científica Antonio Alzate, 1905.

Bulletin du Comité des Travaux historiques et scientifiques, 1906.

Proceedings of the American Academy of Arts and Sciences 1906.

Proceedings of the Royal Society, 1906.

Société d'Agriculture de la Seine-Inférieure, 1906.

Bureau of American of Ethnology.

Bollettino delle Pubblicazioni italiane, 1906.

Gazette des Sciences médicales de Bordeaux, 1906.

Société des Sciences, Agriculture et Arts de la Basse-Alsace, 1905-1906.

Koninklije Akademie van Wetenschappen te Amsterdam, 1906.

Mémoires de la Société Dunkerquoise, 1906.

Société de Borda, à Dax, 1906.

Etaient présents :

MM. de Loynes, Vassillière, de Bordes de Fortage, Jean Cabrit, A.-R. Céleste, J. Marion, Callen, Durègne, Roy de Clotte, Gautier, Drouyn, Pitres, Baillet, Demons, de Nabias, Ducaunnès-Duval.

Table du Compte rendu.

(1906)

OFFICIERS DE L'ACADÉMIE DE BORDEAUX

pour l'année 1906.

—

MESSIEURS

DE LOYNES ✪ I., *Président.*
VASSILLIÈRE ✱, *Vice-Président.*
L. DE BORDES DE FORTAGE, *Secrétaire général.*

J. CABRIT ✱,
P. GAUTIER, } *Secrétaires adjoints.*

GAYON, O. ✱, ✪ I., *Trésorier.*
CÉLESTE, ✪ A., *Archiviste*

BAILLET ✱,
BOUVY,
ROY DE CLOTTE ✱, } *Membres du Conseil d'administration.*
MANÈS ✱, ✪ I.,

OFFICIERS DE L'ACADÉMIE DE BORDEAUX

pour l'année 1907.

—

MESSIEURS

VASSILLIÈRE ✳, *Président.*
DURÈGNE, *Vice-Président.*
DE BORDES DE FORTAGE, *Secrétaire général.*

GAUTIER,
COURTEAULT, } *Secrétaires adjoints.*

GAYON, O. ✳, *Trésorier.*
CÉLESTE, ✵ I., *Archiviste.*

DE LOYNES, ✵ I,
DUCAUNNÈS-DUVAL,
BAILLET ✳,
BOUVY, } *Membres du Conseil d'administration*

TABLEAU

DES

MEMBRES DE L'ACADÉMIE DE BORDEAUX

arrêté au 31 décembre 1906.

—

Membres Honoraires :

MM.

LE PRÉFET DE LA GIRONDE.
LE MAIRE DE BORDEAUX.
LE PREMIER PRÉSIDENT DE LA COUR D'APPEL.
LE RECTEUR DE L'UNIVERSITÉ DE BORDEAUX.
CUQ (E.), ✹ I., à Paris.
DANEY (Alfred), C. ✹, maire de Bordeaux.
DUPUY (Dr Paul), allées de Tourny, 8.

Membres Résidants :

MM.

1863. DEZEIMERIS (Reinhold), O. ✹, correspondant de l'Institut, rue Vital-Carles, 11.
1865. MICÉ, O. ✹, recteur honoraire, rue du Champ-de-Mars, 8.
1884. GAYON, O. ✹, ✹ I., doyen de la Faculté des sciences, rue Duffour-Dubergier, 7.
1884. CÉLESTE, ✹ A., bibliothécaire de la Ville, rue de Soissons, 63.

1887. HAUTREUX ✳, ◊ I., rue Mondenard, 20.

1887. JULLIAN (Camille), O. ✳, ◊ I., professeur au Collège de France, rue Vital-Carles, 14 et rue du Luxembourg, 30, Paris.

1888. Abbé FERRAND, curé de Baurech, rue Saint-James, 8.

1890. Dr PITRES O. ✳, correspondant de l'Académie de Médecine, doyen de la Faculté de Médecine, cours d'Alsace-et-Lorraine, 119.

1890. LANELONGUE ✳, professeur à la Faculté de médecine, correspondant de l'Académie de Médecine, rue du Temple, 24.

1890. BRUTAILS (J.-A.) ✳, archiviste du départ., r. d'Aviau.

1891. SOURGET (Adrien) ✳, ◊ A., cours de Gourgue, 8.

1891. SAMAZEUILH (Fernand) ✳, rue Bardineau, 1 *bis*.

1892. DROUYN (Léon), architecte, rue Leo-Drouyn, 2.

1895. BERGONIÉ (D^r) ✳, ◊ A., rue du Temple, 6 *bis*.

1895. CLAVEL ✳, ingénieur, agent voyer en chef du département, rue Ferrère, 20.

1895. LEROUX (Gaston), sculpteur, rue de la Concorde, 9.

1895. VASSILLIÈRE ✳, professeur d'agriculture du département, cours Saint-Médard, 52.

1896. GARAT (D^r), place du Prado, 1.

1896. BAILLET ✳, rue Pelleport, 275.

1896. DEMONS (D^r), O. ✳, rue du Champ-de-Mars, 15.

1897. DUCAUNNÈS-DUVAL père, ◊ I., archiviste de la Ville, rue Croix-de-Seguey, 85.

1897. LABAT (Gustave), ◊ I., rue Émile-Fourcand, 32 et rue Cardinet, 85, Paris.

1897. De SÈZE (Aurélien), avocat, rue des Remparts, 23.

1897. ROY DE CLOTTE ✳, avocat, cours de Gourgue, 10.

1900. De BORDES DE FORTAGE (L.), rue Billaudel, 86.

1900. DURÈGNE DE LAUNAGUET (baron E.) (◊ I.), boulevard de Caudéran, 309.

1901. MANÈS (J.) ✳, ◊ I., directeur de l'École supérieure de commerce, rue Judaïque, 20.

1901. BOUVY (E.), bibliothécaire de l'Université, professeur
    à la Faculté des Lettres, cours Victor-Hugo, 143.

1901. LOYNES (Paul de), ✧ I., professeur à la Faculté de
    Droit, allées de Tourny, 24.

1902. NABIAS (Dr B. de), ✳, ✧ I., rue Porte-Dijeaux, 12

1903. CALLEN, chanoine honoraire, cours d'Albret, 89.

1904. Dr DENIGÈS ✳, ✧ I., professeur de chimie biologique
    à la Faculté de médecine, rue d'Alzon, 53.

1904. MARION ✧ I., professeur à la Faculté des lettres, rue
    de Pessac, 177.

1904. SARREAU (Gaston), compositeur de musique, rue du
    Pont-de-la-Mousque, 32.

1905. GAUTIER (Paul), avocat, rue Constantin, 48.

1906. COURTEAULT (Paul), professeur à la Faculté des
    Lettres, rue de Strasbourg, 23.

1906. MAXWELL (Joseph), rue Thiac, 37 et rue Villaret-
    de-Joyeuse, 6, Paris.

Membres associés non résidants :
MM.

JACQUOT, O. ✳, inspecteur général des mines, rue Mon-
ceaux, 83, à Paris.

LINDER (Oscar), O. ✳, inspecteur général des mines, rue du
Luxembourg, à Paris.

COLLIGNON, prof. adjoint à la Faculté des lettres de Paris.

FARGUE, O. ✳, insp. général des ponts et chaussées, à Paris.

Membres Correspondants :
MM.

1853. GAUDRY (Albert) ✳, professeur au Muséum d'histoire naturelle de Paris.

1854. SAINT-ANGE (Martin), docteur en médecine, à Paris.

1858. MASSON (Gustave), professeur de littérature au Collège
    de Harrow on the Hill, près de Londres.

1858. PIOGEY, avocat, à Paris.

1862. GRIMAUD (Émile), rédacteur de la *Revue de Bretagne et Vendée,* à Nantes.

1863. SERRET, membre de la Société d'Agriculture, Sciences et Arts d'Agen.

1863. DEBEAUX, pharmacien princ. des hôpitaux militaires.

1863. ENGEL, professeur à la Faculté de Médecine de Nancy.

1865. HAILLECOURT, inspecteur d'Académie honoraire, à Périgueux.

1866. GOUX, membre de la Société d'Agriculture, Sciences et Arts d'Agen.

1867. ROSNY (Léon de), président de la Société d'Ethnographie, professeur de langues orientales, à Paris.

1868. MILLIEN (Achille), homme de lettres, à Beaumont-Laferrière (Nièvre).

1872. RÉVOIL, O. ✳, architecte, à Nimes (Gard).

1874. PARROCEL, homme de lettres, à Marseille.

1874. TOURTOULON (de), à Montpellier.

1876. BONNETON, conseiller à la Cour d'appel de Riom.

1877. CAFFARÉNA, avocat à Toulon.

1878. FOLIN (marquis de), ancien off. de marine, à Biarritz.

1886. TESTUT (Léo), professeur à la Faculté de médecine de Lyon.

1890. FUSTER (Ch.), homme de lettres, à Paris.

1891. GUADET (J.-B.), boulevard Saint-Michel, 141, à Paris.

1892. BONNEFON (Paul), bibliothécaire à l'Arsenal, Paris.

1892. BOUILLET (le docteur), à Béziers.

1896. CRAHAY DE FRANCHIMONT, ingén. en chef, à Paris.

1898. BONVALOT, à Paris.

1898. BALLION (le Dr Paul), à Villandraut.

1902. LALESQUE (le Dr), à Arcachon.

LISTE DES ACADÉMIES ET SOCIÉTÉS

AVEC LESQUELLES

L'ACADÉMIE DE BORDEAUX ÉCHANGE SES PUBLICATIONS

Académies de France

Académie d'Aix.
-      d'Amiens.
-      de Besançon.
-      de Caen.
-      de Clermont-Ferrand.
-      Delphinale, de Grenoble.
-      de Dijon.
-      du Gard.
-      de Grenoble.
-      des Jeux floraux, à Toulouse
-      de Lyon.
-      de Mâcon.
-      de Montpellier.
-      de Nancy.
-      Stanislas, à Nancy.
-      de La Rochelle.
-      de Reims.
-      de Rouen.
-      de la Savoie, à Chambéry.
-      de Toulouse.

Sociétés françaises.

Société Académique de Brest.
-      Académique de Cherbourg.
-      Académique du Puy.

Société Académique de Saint-Quentin.
    — Agricole et Scientifique de la Haute-Loire, au Puy.
    — d'Agriculture d'Agen.
    — d'Agriculture d'Angers.
    — d'Agriculture d'Angoulême.
    — d'Agriculture de Boulogne-sur-mer.
    — d'Agriculture de Caen..
    — d'Agriculture de Douai.
    — d'Agriculture de Lille.
    — d'Agriculture de la Marne.
    — d'Agriculture de Rochefort.
    — d'Agriculture de Rouen.
    — d'Agriculture de la Sarthe, au Mans.
    — d'Agriculture de Saint-Étienne.
    — d'Agriculture de Tours.
    — d'Agriculture de Valenciennes.
    — d'Agriculture de Vaucluse.
    — Archéologique de Béziers.
    — Archéologique de Tarn-et-Garonne.
    — Archives historiques (des) de la Saintonge.
    — Antiquaires (des) de France.
    — Antiquaires (des) de l'Ouest, à Poitiers.
    — Beaux-Arts (des) à Caen.
    — Borda, à Dax.
    — Centrale d'Agriculture, à Paris.
Conservatoire du Muséum d'histoire naturelle, à Paris.
Conservatoire des Arts et Métiers, à Paris.
Société Dunkerquoise, à Dunkerque.
    — d'Émulation d'Abbeville.
    — d'Émulation de Cambrai.
    — d'Émulation d'Épinal.
    — d'Émulation du Jura.
    — d'Émulation de Moulins.
    — d'Émulation de Rouen.
    — d'Études historiques, à Paris.
    — d'Études, à Draguignan.

Société Havraise d'Études diverses, au Havre.
   —   d'Histoire de Chalon-sur-Saône.
   —   Historique et Archéologique du Maine.
   —   d'Horticulture, à Caen.
   —   Industrielle d'Angers.
   —   Industrielle de Saint-Quentin.
   —   Musée (du) Guimet, à Lyon.
   —   Philomathique du Mans.
   —   Philomathique vosgienne.
   —   Historique et archéologique de Saint-Malo.
   —   Sciences (des) d'Arras.
   —   Sciences (des) de l'Aube.
   —   Sciences (des) de l'Aveyron.
   —   Sciences et Arts (des), à Bayonne
   —   Sciences (des) de l'Eure.
   —   Sciences naturelles (des), à Cherbourg.
   —   Sciences naturelles (des), à Rouen.
   —   Sciences (des) de Perpignan.
   —   Sciences morales (des) de Versailles.
   —   Sciences (des) de l'Yonne.
   —   Sciences et Lettres (des) du Loir-et-Cher, à Blois.
   —   Scientifique d'Alais.
   —   Scientifique d'Arcachon.
   —   Statistique (de) de Marseille.
   —   Statistique (de) de Vaucluse.
Feuille des Jeunes Naturalistes de Paris.
Revue des Sciences naturelles de l'Ouest.
Bibliothèque de l'Université de France, à la Sorbonne.
Annales de la Faculté des Sciences de Marseille.
Annales de l'Université de Rennes.

Académies étrangères.

Académie royale des Sciences d'Amsterdam.
   —   royale de Belgique.
   —   américaine des Sciences de Boston.

Académie des Sciences de Californie, à San-Francisco.
— des Sciences de Chicago.
— du Connecticut.
— nationale des Sciences de la République Argentine, à Cordova.
— de Davemport (Iowa).
— royale d'Irlande.
— Dei Lincei, à Rome.
— Leopoldino-Carolina des Naturalistes, à Halle-s.-Saal.
— Leyde (de) (Hollande).
— Metz (de).
— Modène (de).
— Péabody (Salem).
— Sciences (des) de St-Louis, à Washington (États-Unis).
— Sciences (des) du Visconsin, à Madison.
— Sciences et Arts (des) de Zagrabia (Croatie).
— des Sciences, Lettres et Arts des Agiati, à Rovereto (Italie).
— Reale Accademia della Scienze dell' instituto di Bologna.

Sociétés étrangères

Antiquaires du Nord (des), à Copenhague.
Asiatic du Bengale, à Calcutta.
Basse-Alsace (de la), à Strasbourg.
Bibliothèque de Metz.
— de l'Université d'Upsala (Suède).
— de Tufts-Collège, Massachusetts (États-Unis).
Bureau d'éducation, à Washington.
Collège des Sciences de l'Université impériale de Tokio (Japon).
Comité de géologie de la Russie, à Saint-Pétersbourg.
Essex Institut, à Salem.
Helvétique des Sciences, à Berne.
Histoire naturelle (d'), à Boston,

Impériale technique de Russie, à Moscou.
Industrielle de Mulhouse.
Institut canadien français, à Ottawa.
Institut Canadien de Toronto.
Institut Smithsonien, à Washington.
Jardin botanique de Missouri.
Malacologique de Belgique.
Musée Teyler, à Harlem.
Musée de Stockholm.
Museum national do Rio-do-Janeiro.
Naturalistes de la Nouvelle-Russie (des), à Odessa.
Observatoire de Bruxelles.
Observatoire de Madrid.
Philosophique de Philadelphie.
Portugalia.
Sciences (des) de Liège.
Sciences naturelles (des), à Philadelphie.
Sciences physiques (des); à Kœnigsberg (Prusse).
Société des Lettres à Upsala.
Société des Naturalistes de Kieff (Russie).
Société Antonio Alsate, de Mexico.
United States geological Survey, à Washington.
Université de Californie, à Berkeley (Alameda-Couen-dy).
Université Impériale de Saint-Wladimir, à Kiew.
Université de Sassari (Italie).

TABLE DES MATIÈRES

DU SOIXANTE-CINQUIÈME VOLUME (1906)

Les personnes qui reçoivent les *Actes* de l'Académie sont invitées à faire rectifier les erreurs ou omissions qui auraient pu avoir été commises dans l'annonce de leurs titres ou de leurs adresses, en écrivant *franco* au Secrétaire général.

Elles sont priées de vouloir bien accuser réception du volume des *Actes*, qui désormais leur sera adressé dès qu'il aura été complété.

Leur silence prolongé, sur ce dernier point, entraînerait la suspension de l'envoi des *Actes*.

Les Sociétés et Académies sont encore priées de vouloir bien, dans leur *rapport périodique*, faire inscrire le titre des *Actes* sur la liste des ouvrages imprimés qui leur ont été envoyés.